초등자치

초판 1쇄 발행 2018년 3월 12일
초판 5쇄 발행 2022년 12월 16일

지은이 | 이영근

발행인 | 김병주
마케팅 | 박란희
COO | 이기택
뉴비즈팀 | 백헌탁, 이문주, 백설
행복한연수원 | 이종균, 이보름
에듀니티교육연구소 | 조지연
디자인 | 디자인붐
펴낸 곳 | (주)에듀니티(www.eduniety.net)
도서문의 | 070-4342-6110
일원화 구입처 | 031-407-6368 (주)태양서적
등록 | 2009년 1월 6일 제300-2011-51호
주소 | 서울특별시 금천구 가산동 371-28 우림라이온스밸리 A동 1208호

ISBN 979-11-85992-76-1 (13370)
값은 표지에 있습니다.

저작권법에 의하여 한국 내에서 보호를 받는 저작물이므로 무단전재 및 복제를 금합니다.

어린이들이 만들어가는 학교 민주주의

초등자치

· 이영근 지음 ·

에듀니티

추천의 글

초등교육은 학생의 학습, 일상생활에 필요한 기초능력 배양, 기본 생활습관의 형성에 중점을 둔다. 자치와 자율에 관련된 다양한 활동으로 학생들이 그 개념을 익히도록 지도하는 것은 초등교육의 궁극적인 목표에 가까이 다가가는 데 필수적인 임무라 여겨진다. 그래서 여러 해에 걸쳐 '군포양정(養正)초등학교'에서 일궈낸 자치의 내용은 더없이 값지다 할 수 있다. 어느 영역에서나 기초와 기본이 바로 서면 어느 정도의 융통성을 허용해도 무리하거나 비뚤게 나가지 않는다. 양정초등학교에서의 자치가 이러했다. 아이들의 '養正(바르게 자람)'이 달성되었다고 할 수 있다.

'구슬이 서 말이라도 꿰어야 보배'라는 속담처럼, 아무리 좋은 것도 잘 정리되지 않으면 그 가치가 빛을 보기 어렵다. 그래서 학생자치의 내용을 잘 정리해 담은 이 책은 다른 학교에서도 '타산지석(他山之石)'으로 삼을 만큼 가치 있다. 이러니 저자인 군포양정초 교사 이영근 선생님께 찬사를 보내지 않을 수 없겠다.

윤종언_산본초등학교 교장, 전 군포양정초등학교 교장

학교는 학생이 하루 중 가장 많은 시간을 보내는 공간이다. 학생이 학교에서 겪는 경험은 학생들이 미래에 어떤 시민으로 성장하게 될지를 결정하는 중요한 열쇠가 된다. 학생자치는 학교에서 민주시민으로서의 권리를 배우는 과정인 동시에, 자율과 책임을 바탕으로 참여하고 실천하는 자질을 함양하는 시민교육으로서도 중요한 의미를 가진다.

이 책은 현직 교사가 초등학교의 자치에 관해 쓴 첫 책이다. 4년 동안 학생자치 담당교사로서 경험하고 실천한 내용을 담백하고 정감 있게 담아냈다. 경기도교육청 민주시민교육과에서 4년 동안 학생자치를 담당했던 장학사 입장에서 학생성장의 감동스토리를 숱하게 만들어온 이영근 선생님이 학생자치 업무를 맡아 정말 다행스럽고, 또 책을 출간해주어 너무 고맙다. 이 책은 초등학교의 학생자치를 어떻게 시작할까 고민하는 모든 선생님에게 좋은 안내서가 될 것이다.

최종철_산들초등학교 교감, 전 경기도교육청 민주시민교육과 장학사

나는 5학년 때 군포양정초로 전학을 왔다. 군포양정초는 학생 자치가 활발하지 않던 학교에서는 생각하기도 어려울 만큼 자치회가 활성화되어있어 적잖이 놀랐다. 그해 학교 캐릭터 공모전으로 자치회 행사에 참여했다. 내가 그린 캐릭터가 학교 캐릭터로 뽑혔을 때는 정말 놀라웠다. 학교 안내장, 현수막, 심지어 학교 건물에까지 내가 만든 캐릭터가 있어 너무나도 뿌듯했다.

6학년 때 전교어린이자치회 부회장으로도 활동했다. 자치회의 일 하나하나가 즐거웠기에 초등학교 생활이 더욱 보람찼다고 이야기할 수 있다. 자치는 다른 사람이 강요해서가 아니라 '내'가 하고 싶어 하는 것이다. 그래야지 학생들을 위해 봉사할 수 있다. 무엇보다 자치회 활동을 거치며 '나 하나로 뭐가 바뀌겠어?'가 아닌 '나 하나로도 바꿀 수 있어.'라는 생각을 하게 되었다.

선유민_2016학년도 군포양정초등학교 전교어린이자치회 부회장

여는 말

왜 초등자치인가?

학생 중심의 학생자치회가 아니었다

오래전부터 전교어린이회는 있었다. 전교어린이회에서는 전교회의를 한다. 학교에서 정해준 생활 목표에 알맞은 계획을 세우고, 건의사항을 받는다. 그렇지만 건의사항이 제대로 학교를 변하게 한 것은 아니다. 체육부, 봉사부, 생활부, 학습부 같은 부서가 있고, 회의 때마다 부서는 계획을 세운다. 그런데 그 부서가 제대로 활동하는 모습을 보지는 못했다. 학교에서 정한 대로 하면서도 전교어린이회에서 결정한 모양새만 갖춘 셈이다.

전교임원들은 선거 때마다 공약을 내세운다. 그 공약은 크고 화려하다. 하지만 공약이 제대로 지켜지는 모습은 보지 못했다. 전교임원들이 스스로 만들어 운영하는 행사는 없다. 학교에서 하는 행사를 진행만

하거나 동원되는 정도였다. 전교임원은 학교에서 주는 큰 상을 받는 대신, 학교에 자기 이름으로 무엇인가를 짓거나 세우는 현실이 얼마 전까지 이어졌다.

물론 모두가 그런 것은 아니다. 몇몇 학교는 오래전부터 전교어린이회가 자치로 잘 살아나기도 했다. 그러나 대부분 학교의 자치는 학생 중심이 아니었다. 그리고 그 운영도 민주적이지 않았다.

그래서 학생 중심의 자치회 운영이 필요하다.

학교에서 행복해야 한다

'학생' 하면 가장 먼저 떠오르는 말이 무엇인가? 특히나 '초등학생'은 어떤가? 초등학생 때 길러야 할 힘을 곰곰이 따져보자. 공부가 먼저 떠오른다. 모르는 것을 알아가는 배움의 공부가 필요하다. 독서도 필요하다. 친구 관계로 키우는 사회성, 운동으로 기르는 체력, 골고루 먹어 챙기는 건강, 몸으로 배우는 활동도 필요하다. 어느 것 하나 빠짐없이 소중하다. 이런 바탕에서 행복한 학생으로 살아야 한다.

그런데 현실은 어떤가? 사회는 우리 학생들에게 공부만을 요구한다. 공부에 찌든 아이들은 무기력하다. 무기력은 다른 곳에서 힘을 낸다. 학교폭력이나 따돌림에 힘을 낸다. 공부만 강조하는 현실에서 공부가 안 되거나 힘든 아이들은 게임에 빠져서 헤어나오지 못하기도 한다. 공부도 함께하기보다는 혼자서 하니 친구는 경쟁자가 된다. 그러니 외

롭기까지 하다. 친구와 놀고 싶어도 놀 시간이 없다. 수업을 마치면 학원으로 내몰리기 때문이다. 함께 놀 시간, 함께 놀 여유가 없는 아이들이다.

그래서 학교에 있는 학생들의 삶이 행복해야 한다. 그 행복의 한 부분을 전교어린이자치회에서 만들어 도울 수 있다.

민주시민교육으로써 필요하다

학생들은 지금을 살지만, 더 훗날 삶을 꽃피운다. 지금 우리와 함께 있는 학생들이 앞으로의 세상을 이끌어갈 구성원이 된다. 그래서 이들의 하루하루는 제대로 된 삶이어야 한다. 우리 사회는 민주 사회이다. 민주 사회를 이루는 구성원은 민주시민이다. 민주시민으로 자리매김할 수 있는 힘을 초등학생 때부터 키워야 한다.

민주시민이 되기 위해서는 내가 속한 곳의 구성원으로서 함께 '참여'해야 한다. 참여하고 함께할 때 속한 사회의 발전을 꾀할 수 있다. 어느 곳이건 늘 문제가 생긴다. 그 문제를 생각하고 해결 방법을 찾는 과정에서 서로 생각이 다를 수 있다. 서로 생각이 다를 때는 무시하기보다 상대를 존중하는 바탕 위에 함께 '대화'해야 한다. 대화하고 다름을 인정하면서 더 나은 발전을 위해 '소통'해야 한다. 이러한 대화로써 문제를 해결하는 '의사결정' 과정이 있어야 한다. 이러한 참여, 대화, 소통, 의사결정은 민주시민교육의 시작이며 학생자치의 기본이기도 하다.

이 책은 군포양정초등학교 4년의 학교자치 결과물이다.

군포양정초등학교로 옮기고 두 해째부터 어린이자치회를 맡았다. 그때 마침 참사랑땀 반 담임교사로서 우리 반 자치 사례로 『와글와글 토론 교실』(우리교육, 2015)을 엮었다. 학급을 넘어, 학교자치는 도전이면서도 설렘이었다. 학교자치 담당교사로 시작하는 모든 것이 낯설었다. 기존 학교자치의 틀을 다 잊고 버렸다. 뭐든 학교 처지에 맞게, 학생들 수준에 맞게 다듬고 새로 시작했다. 학교자치로 무엇을 하건, 하면 할수록 행복했다.

학교자치 사례는 같은 듯 다르다.

여기에 담긴 어떤 사례도 하늘에서 뚝 떨어지듯 새로운 것은 없다. 어느 학교의 어느 선생님인가는 해봤을 사례이다. 그럼에도 그 어떤 것도 기존 사례와 똑같지 않다. 학교자치를 해본 선생님이라면 이 말의 뜻을 쉽게 알아차릴 것이다. 같은 이름으로 하는 활동이라도 학생들의 상상력과 기발한 생각으로 다 다른 모습으로 일어난다. 이 책을 보는 분들도 각자의 처지에 맞게 다듬어 나만의 사례를 만들길 바란다.

여러 빛깔 학교들의 더 많은 자치 사례를 바란다.

우리 학교는 혁신교육을 주도하는 경기도에 있지만, 혁신학교는 아니다. 일반 학교에서 만들어간 학교자치 이야기다. 혁신학교, 작은 학교, 대안학교에서는 우리 학교보다 더 빛깔 있는 사례가 있을 것이다. 그러니 앞으로 더 많은 학교의 자치 사례가 나오길 바란다. 조금 더 다양하게 학생들이 스스로 만들어가는 학교자치 사례를 기대한다. 아울러 이 책에서는 빠진 학생자치의 이론을 다룬 책도 나오길 바란다.

이 책이 나오기까지 고마운 사람이 많다.

학교의 모든 분이 다 고맙다. 학교자치를 처음 해보는데도 잘 할 수 있었던 까닭은 모든 것을 다 믿고 지지해준 교장 선생님이 계셨기 때문이다. 아울러 어린이자치회 활동으로 시끄럽지만 웃으며 힘을 실어준 여러 선생님의 관심 덕분이기도 하다.

무엇보다 우리 학생들에게 고맙다. 일반 학생들의 즐거움을 위해 시간과 힘을 쏟아준 자치회 일꾼들에게 고맙다. 자치회 일꾼들이 애써 준비해도 학생들의 참여가 없으면 그 어떤 가치도 없다. 무엇을 하건 함께하며 웃고 즐겨준 군포양정초 모든 학생에게 고맙다.

아울러 행복한 학교를 위해 학교자치 책이 필요하다며 기다려준 에듀니티여, 영원하라!

차례

추천의 글 · 004
여는 말 왜 초등자치인가? · 007

1장 · 학생자치회의 시작, 임원 선거

학생들이 만들어가는 선거 · 016
선거 토론회 · 049

2장 · 아이들의 목소리가 살아있는 회의

전교어린이회의 · 068
다모임 · 083
운영위원회 · 091
대토론회 · 095

3장 · 행사를 위한 준비

학생 중심의 준비 · 110
담당교사의 역할 · 114
학교의 지원 · 118

4장 · 할 때마다 즐거운 정기 행사

놀이마당 - 놀며 여는 첫 행사 · · · · · · · · · · · · · · · 122
장기자랑 - 끼와 실력을 뽐내는 장 · · · · · · · · · · · · 132
바자회 - 모두가 흥겨운 장터 · · · · · · · · · · · · · · · · · 142
퀴즈 대회 - 골든벨을 울려라 · · · · · · · · · · · · · · · · · 150
보물찾기 - 상상력과 실천력이 빚어낸 행사 · · · · · 157
교실로 찾아가는 산타 · 165

5장 · 언제 하든 재밌는 반짝 행사

학교 캐릭터 만들기 - 새싹이와 나리 · · · · · · · · · · 174
재미있는 사진 찍기 - 할로윈 데이 · · · · · · · · · · · · 183
보이는 라디오 - 화양연가 · · · · · · · · · · · · · · · · · · · 190
우리가 만드는 약속 - 어린이날 · · · · · · · · · · · · · · 197
선생님 사랑해요 - 스승의 날 · · · · · · · · · · · · · · · · 203
영화 상영 - 먹는 즐거움 보는 즐거움 · · · · · · · · · 210
축구 시합 - 스승 대 제자 · · · · · · · · · · · · · · · · · · · 217
송편 만들기 - 추석 맞이 · 221
깜짝 공연 - 가을 음악회 · 225
리더십 캠프 - 어울림 잔치 · · · · · · · · · · · · · · · · · · 230

닫는 말 행복을 나누는 어린이자치회 · · · · · · · · · · · 246

1장

학생자치회의 시작,
임원 선거

학생들이 만들어가는 선거

학생자치는 선거로 시작합니다. 선거 과정은 공정해야 합니다. 후보자 등록부터 임명장 수여까지 물 흐르듯 매끄러워야 합니다. 공정함 위에서 선거 과정은 잔치 분위기로 즐거웠으면 합니다. "기호 *번, ○○○" 하는 소리로 학교가 꿈틀꿈틀 살아있어야 합니다. 선거에 나오는

군포양정초등학교 선거 일정

D-7 선거 공고
D-5 후보자 등록
D-4 후보 공고 & 선거 운동 시작
D-Day 후보자 토론회와 투표

후보는 공약을 내세웁니다. 공약은 토론회로 검증받으며 당선된 임원은 내세웠던 공약을 실천합니다. 이런 선거 과정은 학생자치회의 시작이면서 자치회의 꽃이기도 합니다.

어린이 선거관리위원회

학생들이 만드는 선거를 위해 '어린이 선거관리위원회'를 꾸립니다. 보통 학교장이 위원장을 맡지만, 경기도는 학생이 위원장을 맡습니다. 학생이 전체 위원장을 맡기에는 부담이 커, 우리 학교에서는 전체 위원장과 어린이 위원장을 구분하여 진행했습니다. 교장 선생님이 선거관리위원장으로 총괄책임을 맡고, 학생이 어린이 선거관리위원장으로 전체 진행을 맡습니다. 물론 지도교사인 제가 처음부터 끝까지 지켜보며 함께해야 합니다.

어린이 선거관리위원회

우리 학교의 어린이 선거관리위원회는 위원장 1명과 부위원장 1명, 위원 8명으로 총 10명입니다. 위원장은 이전 전교어린이회장이 맡습니다. 학기 말이나 학년 말에 다음 학기, 또는 내년 1학기 임원을 뽑는다면 그 해 전교어린이회장이 맡습니다. 그렇지 않고 3월 초에 새로운 전교임원을 뽑는다면 이전 전교어린이회장이 없기에, 전교어린이회 5학년 부회장이나 6학년 학급 회장 중에서 선정합니다. 물론 위원장은 임원 선거에 입후보할 수 없으며, 선거 운동에도 함께할 수 없습니다. 부위원장은 이전 학기 부회장이나, 이전 학년 자치회 운영위원회 학생 중에서 정합니다.

어린이 선거관리위원이 하는 일

- 후보자 교육
- 선거 벽보 붙이고 떼기
- 선거 운동 살피기
- 선거 토론회 진행
- 선거 투표와 개표 과정

어린이 선거관리위원은 6학년 3명, 5학년 3명, 4학년 2명으로 꾸립니다. 전교어린이자치회 운영위원회 활동을 했던 학생 위주로 정합니다. 어린이 선거관리위원은 사전 교육을 받습니다. 담당교사인 제가 실

어린이 선거관리위원 사전 교육

후보자 사전 교육과 번호 뽑기

시합니다. 사전 교육이 복잡하거나 오래 걸리지 않습니다. 해야 할 일을 하나하나 전달하고, 책임감을 강조하며 마칩니다. 이때 어린이 선거관리위원을 나타내는 조끼와 명찰을 하나씩 전달합니다. 다음 날부터 조끼를 입고 명찰을 달고 다닙니다. 선정된 위원들의 학급으로 메시지를 드려 담임선생님들께 알리는 것도 잊지 않습니다.

선거하는 날로부터 적어도 10일 전에는 전교임원 선거 계획을 내부결재로 올립니다. 결재가 나면, 일주일 전에 선거관리위원장, 즉 교장선생님 이름으로 전교임원 선거를 공고합니다. 공고는 자치회 게시판과 각 반 교실로 나갑니다. 임원 선거에 나갈 학생들은 신청서와 담임과 다른 학생의 추천서를 받아 접수합니다. 접수는 지도교사가 있는 우리 반 교실에서 합니다. 접수 기간은 이틀 정도 기간을 갖습니다.

후보자가 정해지면, 후보자들을 모아서 사전 교육을 실시합니다. 이때 어린이 선거관리위원회에서 함께하며 되도록 선거관리위원장이 진행하도록 합니다. 위원장이 혼자 제대로 해내기에는 벅찹니다. 서툴 수 있고, 모르는 것도 있습니다. 그러니 담당교사인 제가 옆에서 위원장을 돕습니다. 담당교사의 도움을 받더라도 어린이 선거관리위원장이 직접 진행하는 과정은 소중합니다. 사전 교육에서는 선거 운동 과정, 토론회 절차와 함께 벽보 만드는 데 지켜야 할 점을 알립니다.

벽보 만드는 데 지켜야 할 점

1. 용지 : 4절지 세로(학교에서 나눠주는 용지-도화지)

※ 두꺼운 하드보드지 사용 금지

2. 방법 : 손으로 직접 만든다. 전체 인화나, 코팅은 안 된다.
3. 내용 : 자기 힘으로 지킬 수 있는 선에서 자유롭게 공약한다. 후보자 사진을 인화하여 넣을 수 있다. 약력은 학교 안 학생자치회 활동으로 한다. 타 후보를 헐뜯거나 공정선거에 어긋나는 내용은 사용할 수 없다.

선거관리위원회에서 하는 일

1. 벽보 붙이기

후보자들은 선거 벽보를 정해둔 기한까지 제출합니다. 제출하는 곳은 우리 반 교실입니다. 자치회실 선거관리위원회에서 받는 것이 좋으나, 학생들이 상주하지 않으니 받는 것은 제가 합니다. 제출받은 벽보는 어린이 선거관리위원회에 전달합니다. 어린이 선거관리위원회는 선

선거 벽보 붙이기

완성된 선거 벽보

거 벽보가 규정에 맞는지 확인합니다. 선거 벽보를 정해진 장소에 기호 차례로 붙입니다. 우리 학교는 동, 서쪽 계단 옆 벽입니다. 선거관리위원회 조끼를 입고 명찰을 찬 학생들이 벽보와 테이프를 들고 가서는 알아서 척척 붙입니다.

처음 맡길 때는 어린 학생들이라 제대로 할 수 있을까, 하는 걱정이 컸습니다. 그치만 믿고 맡기니 맡은 학생들은 놀이마냥 즐겁게 하면서도 정성껏 곱게 잘 붙입니다. 맡기면 해낼 수 있다는 것을 보여준 자치회 일꾼들입니다. 회장, 부회장을 나눠 알아보기 쉽게 붙입니다. 회장, 부회장을 나타내는 제목을 써 붙이기도 합니다. 벽보 붙이는 것도 하면 할수록 발전하는 모습이 보입니다.

2. 선거 운동 감시

선거 운동은 어린이자치회 선거에서 가장 큰 즐거움입니다. 그러면서도 그 진행이 공정해야 합니다. 이 과정을 어린이 선거관리위원들이 맡습니다. 후보자 사전 교육에서 선거 운동에서 지켜야 할 점을 안내할 때, 선거관리위원회 학생들도 귀담아듣도록 합니다. 후보자들이 지켜야 할 것은 선거관리위원회도 함께 알아야 하기 때문입니다.

선거 운동은 4일 정도 기간을 갖습니다. 선거 운동하는 날 아침에 선거관리위원들은 조끼를 입고 어린이 선거관리위원회 명찰을 목에 걸고서 모입니다. 후보들이 선거 운동하는 시간(08:30~09:00)보다 10분 정도 일찍 모입니다. 일찍 모여서 선거 운동하는 장소를 나눠맡습니다. 우리 학교는 학생들이 정, 후문 두 곳으로 들어오니 선거관리위원회도 두 모둠으로 나눠서 움직입니다. 각각 선거관리위원장과 부위원장 모둠으로 나눕니다.

선거관리위원회 학생들이 보는 것은 선거 운동 규정의 준수 여부입니다. 선거 운동은 사전에 등록한 학생들만 가능합니다. 우리 학교는 후보자를 포함해 총 6명으로 선거 운동원 수를 제한하고 있습니다. 선거 운

선거 운동 과정에서 지켜야 할 점

1. 선거 운동원은 4학년 이상 학생으로 모두 6명까지 둘 수 있다.
2. 선거 운동은 선거 운동 기간 동안 등교 시간(08:40~09:00)에는 정해진 장소(정문, 후문)에서만 할 수 있다. 단, 그 외 시간(일과 중)에는 수업에 지장을 주지 않는 범위에서 자유롭게 할 수 있다.
3. 학교 규정에 어긋나는 행동을 하는 선거 운동원은 활동을 제한한다.

선거 운동

동 과정에서 일반 학생에게 위협을 가하지 않도록 살핍니다. 선거 운동원끼리 과도한 접촉이 일어나지 않게 살핍니다. 아울러 학교 규정대로 실내화를 신고 야외에 나오지는 않는지 같은 기본도 함께 살핍니다.

선거 운동은 쉬는 시간과 점심시간에도 이어집니다. 쉬는 시간과 점심시간의 홍보 가능 여부는 학교마다 다릅니다. 우리 학교에서는 후보자 선거 운동 시간이 짧으니 이 시간에도 선거 운동을 할 수 있도록 하고 있습니다. 물론 시끄럽고 불편한 점도 있긴 하지만, 학생들 목소리로 학교가 살아 꿈틀거리는 느낌이라 보면 꽤 괜찮습니다.

선거 운동 과정에서 규정을 어길 경우 그 자리에서 경고 조치하고, 잘못한 선거 운동원은 그날 더 이상 선거 운동을 할 수 없습니다. 다음 날에도 같은 규정을 어길 때는 후보자에게 재차 따지게 되는데, 이 몫은 제가 담당합니다. 아직 한 운동원이 규정을 두 번 어긴 경우는 없었습니다. 어린이 선거관리위원회가 제 몫을 하며 선거 운동 과정을 함께 하니, 후보자로서 지켜야 할 것은 지키는 모습을 갖춥니다.

3. 투표 진행

선거관리위원회 학생들은 투표 하루 전날 방과 후에 모입니다. 투표소를 만들기 위해서입니다. 우리 학교 투표소는 학교 회의실로 쓰는 시청각실입니다. 회의실은 교실 2칸을 합친 크기입니다. 접이식 의자를 놓고서 전교어린이회 다모임을 하는 곳이기도 하고, 전교어린이회 실내행사를 하는 곳이기도 합니다.

회의실 바깥 안내판에 '투표소'라 달고, 나가고 들어오는 문을 종이에 글을 써 붙여 표시합니다. 투표소 안은 일반 투표소와 같은 모습을 갖춥니다. 들어오면 학급명부가 있습니다. 학급 담임선생님께 담당자인 제가 받아서 미리 인쇄해둡니다. 그 옆에는 투표용지가 있습니다. 회장, 부회장 2장의 투표용지를 준비합니다. 기표소를 여러 개 준비합니다. 기표소와 투표함은 지역 선거관리위원회에서 대여합니다. 선거관리위원회는 투표소 준비를 마치면, 역할을 나눕니다. 6학년 1명과 4, 5학년 중 1명으로 2인 1조로 하며, 선거준비위원장은 전체를 총괄합니다.

투표하는 날입니다. 선거 운동 마지막 날이니 아침부터 열기가 뜨겁습니다. 담당자인 저도 마음이 바쁩니다. 이럴 때일수록 행동은 신중히 하고 생각은 냉철하게 하려 애씁니다. 선거관리위원회 학생들은 선거 당일 아침에도 선거 운동을 보러 다닙니다. 선거 운동을 마치면 선거 토론회와 투표 과정만 남습니다.

투표소 준비하기

1. 투표함 준비

2. 투표소 명판

3. 이름확인 명판

4. 용지받기 명판

5. 참관인 명판

투표 절차

1. 투표소 입장

2. 명부 확인

3. 투표용지 받기

4. 기표소 입장

5. 투표용지에 기표하기

6. 투표용지 투표함에 넣기

7. 투표소 퇴장

선거 과정

1. 선거 과정 진행

1) 담당교사 준비

선거 과정은 공정해야 합니다. 그 과정도 학생들이 진행하는 것이 좋습니다. 그러니 신경 써야 할 게 참 많습니다. 어린이 선거관리위원회가 선거 과정에서 제 몫을 하기 위해서는 미리 준비해야 할 게 많습니다. 담당교사가 잘 챙겨야 합니다.

- 교육과정

교육과정에 선거 시간을 확보해야 합니다. 창의적 체험활동에서 시간을 빼는데, 어느 정도가 필요한지 학교의 담당 부장, 교육과정 담당 선생님과 협의가 필요합니다. 담당자로서 필요한 시간을 제시할 수도 있어야 합니다. 이때 가상 투표 과정을 거치며 필요한 시간을 정해야 합니다. 선거 과정에 필요한 시간은 후보자 토론회와 투표 시간으로 나눌 수 있습니다. 후보자 토론회에 필요한 시간에 투표 시간을 1시간 보탭니다. 우리 학교에서는 후보자 토론회에 2시간, 투표에 1시간을 잡고, 총 3시간으로 보통 1~3교시 동안 진행합니다.

3교시 만에 모든 반이 투표할 수는 없기에, 전담을 고려해서 적절하게 투표할 수 있도록 해야 합니다. 교육과정 시간표와 정확하게 맞을 수는 없습니다. 교육과정에는 3교시를 투표 시간으로 두지만, 후보자 토론회가 끝나는 대로 투표를 시작하니 학급별로 적절한 조정이 필요합니다. 담당자는 전담 시간만 확인해서 적당한 시간을 예상합니다.

• 투표용지 인쇄

투표는 투표용지 투표와 전자 투표로 나눌 수 있습니다. 투표용지로 한다면, 투표용지도 인쇄해야 합니다. 인쇄할 때는 색지를 이용해 회장과 부회장 투표용지를 구분해야 합니다. 이때 잊지 말아야 할 것이 선거관리위원회 관인입니다. 관인이 없다면 학교장 직인이라도 찍어서 사용합니다. 관인 또는 직인이 없다면 무효표가 되니 충분하게 찍어둬야 합니다. 관인이나 직인을 스캔해서 파일로 만들어두면 인쇄만으로도 수월하게 투표용지를 만들 수 있습니다.

• 학생 명부

학생 명부는 투표 당일에 투표소에서 투표권이 있는 학생을 확인하는 데 필요합니다. 학생 명부는 담임선생님의 협조가 필요합니다. 학생 명부를 투표권이 있는 학년, 혹은 반으로 양식을 보냅니다. 담임선생님은 반 학생의 이름이 빠지지 않도록 양식을 채우고 확인하고서 담당자에게 다시 보냅니다. 학생 명부를 각 반 담임선생님에게 직접 받을 수도 있지만, 그러면 너무 번거롭습니다. 학년에서 하나의 파일로 엮도록 부탁드리는 게 좋습니다. 학생 명부 파일은 인쇄해서 투표 당일 투표소 담당 어린이 선거관리위원회에 전달합니다. 학생들이 자기 이름 칸 옆에 서명을 할 수 있도록 볼펜도 몇 자루 챙깁니다.

2) 어린이 선거관리위원회 역할

어린이 선거관리위원회에서 전체 진행을 맡아 합니다. 그렇지만 처음 시작할 때는 담당교사인 저도 함께해야 합니다. 후보자 토론회를 할 때 저는 방송실에 있으니, 어린이 선거관리위원회 학생이 우리 반 교실에 있습니다. 어린이 선거관리위원회로 힘들다면 전담 수업을 넣어서 전담선생님이 우리 반 교실에 자리합니다. 투표가 시작되면 저는 빠집니다. 어린이 선거관리위원회가 전체 진행을 맡고, 학급 담임교사가 인솔과 투표 진행을 맡습니다. 어린이 선거관리위원회 학생들은 역할을 나눠 맡습니다.

• 차례 안내(2명)

학급에 알려 학생들이 투표소로 오가는 것을 맡습니다. 보통 낮은

선거관리위원회 역할 분담 인원

- 차례 안내 2명
- 투표소 밖 질서 유지 1명
- 명부 확인 2명
- 투표용지 배부 2명
- 투표함 관리 1명
- 전체 관리 2명

무전기 활용하기

학생들이 무전기가 필요하다고 했다. 자체 행사를 할 때 필요하다고 했는데, 운동장에서 진행하는 행사 때 먼 거리를 두고 서로 의사소통하기 위해 필요하다고 했다. 무전기를 몇 개 구입해 자치회에서 쓸 수 있도록 했다. 행사 때 쓰려고 한 무전기가 투표 차례를 알리는 데도 잘 쓰였다. 투표소와 거리가 먼 학년은 무전기로 보낼 차례를 주고받았다.

무전기를 사용하는 선거관리위원

학년부터 시작해 높은 학년 차례로 하는데, 학급의 처지를 고려해야 합니다. 전담 수업이 있을 경우, 미리 알고 있으면 좋습니다. 이런 것은 담당교사가 미리 조사해서 알려줍니다. 학생들이 반으로 알릴 때 마음이 바빠서 뛰어다닐 수 있는데, 그러지 않도록 말해줍니다. 보통은 둘이 맡는데, 그 수가 조금 더 많으면 학년을 나눠 맡을 수 있어 좋습니다. 학생

수가 적은 학교에서는 그 차례가 복잡하지 않지만, 학교가 크다면 차례를 제대로 맞춰야 제시간에 투표를 마칠 수 있습니다. 투표는 오전 중에 끝내는 것이 좋습니다. 부득이한 경우에는 어쩔 수 없지만, 이럴 경우 한 반이 투표를 시작하고 15명 정도가 남았을 때, 다른 반에 알려 이동할 수 있도록 해 끊임없이 투표가 이뤄지게 하는 것이 좋습니다.

• 투표소 밖 질서 유지(1명)

투표소 앞에 자치회 학생이 1명 서 있습니다. 투표하는 곳이 한정된 공간이니, 한꺼번에 모두가 들어갈 수 없습니다. 그러니 투표소 밖에 줄을 서고 기다렸다가 1명씩 차례대로 들어가야 합니다. 이때 줄을 서고 들어가는 것을 도와주는 일을 합니다. 줄을 서달라는 부탁을 하기에, 6학년이 맡아서 하는 것이 좋습니다. 물론 이 일은 인솔해온 담임선생님과 함께해야 할 일입니다. 질서 유지를 맡아보다가 일정한 수의 학생이 남으면 차례를 안내하는 학생에게 연락해 계속 이어가도록 합니다.

• 명부 확인(2명)

유권자인 학생이 투표소에 들어가면 가장 먼저 해야 하는 일은 이름 확인과 사인입니다. 이 일을 맡아서 하는 학생이 2명, 적게는 1명이라도 필요합니다. 조금 더 빠르고 정확하게 하기 위해서는 번호 차례로 하는 것이 좋은데, 바깥의 질서 유지 하는 학생과 미리 약속해 줄을 설 때부터 번호대로 서게 합니다. 투표자 확인을 위한 명부는 사전에 인쇄해둬야 합니다. 담당교사인 제가 미리 할 일입니다. 투표하는 학생은

질서 유지 　　　　　　　　명부 확인

자기 이름 옆에 사인을 하는데, 초등학생이니 이름을 한 번 더 쓰도록 돕습니다. 모든 학생이 다 쓰면, 담임선생님의 확인을 받아야 합니다. 결석한 학생을 확인하는 절차이기도 하기에 꼭 필요합니다. 이때 정확하지 않으면 개표 과정에서 그 수가 맞지 않으니 꼭 담임선생님의 확인을 받아둬야 합니다.

• 투표용지 배부(2명)

이름을 확인한 유권자는 투표용지를 받습니다. 투표용지는 정확하게 1장이어야 합니다. 사전에 확인은 했지만 투표용지에 이상이 없는지 다시 확인하며 학생들에게 줘야 합니다. 전교어린이자치회는 회장과 부회장을 뽑으니, 유권자 학생들은 투표용지를 2장 받습니다. 회장과 부회장의 투표용지가 그 빛깔을 달리하는 까닭입니다. 회장이 흰색이라면, 부회장은 흰색이 아닌 색지로 미리 인쇄해둡니다. 용지를 나누는 담당 학생은 받는 학생들에게 "이건 회장, 이건 부회장"이라는 말을 해주는 것이 좋습니다.

 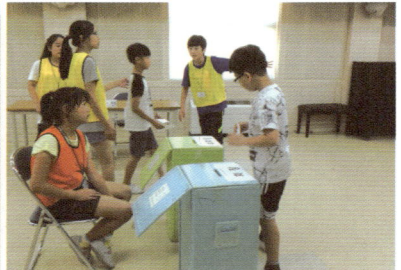

투표용지 배부　　　　　　　　투표함 관리

- 투표함 관리(1명)

투표용지를 받은 학생은 기표소 안으로 들어가 투표용지에 자기가 뽑고 싶은 후보자를 표시합니다. 기표소 안은 유권자만의 공간입니다. 어린이 선거관리위원회의 누구도 그 안에 들어갈 수 없습니다. 다만 기표소에서 기표를 마친 학생이 자기 투표용지를 접어서 투표함에 넣는 것은 확인합니다. 투표용지는 절대 투표소 밖으로 가지고 나갈 수 없습니다. 투표함 앞에 1명이 앉아서 회장, 부회장 함에 제대로 넣도록 알려줍니다. 투표를 마친 학생이 투표소에서 나가는 문의 위치를 모를 때 알려줄 수 있습니다. 다만 투표함 관리하는 담당 학생이 기표 결과를 엿본다는 느낌은 들지 않도록 주의해야 합니다.

- 전체 관리(2명)

어린이 선거관리위원회 위원장과 부위원장은 전체 관리를 맡습니다. 담당교사인 저도 함께하기 위해 수업을 전담으로 돌립니다. 그렇지만 모든 과목을 그럴 수는 없습니다. 그러니 어린이 선거관리위원회에서 전체 관리를 맡고, 저는 시간 날 때마다 돕습니다. 다른 역할을 맡은 학생이 자리를 잠시 비워야 할 경우, 위원장이나 부위원장 중 1명은 그 일을 대신 할 수도 있습니다. 또한 투표 과정에서 특이사항 발생 시 2명 중 1명은 담당교사나 교무실에 연락을 취하고, 다른 1명은 그 일을 제대로 유지해야 합니다. 전체 관리를 두 학생이 맡아서하지만, 담당교사는 수시로 가봐야 합니다. 5~10분에 1번은 수업하다가도 가서 이상 유무를 확인해야 합니다. 담임선생님들에게도 이런 사정을 말씀드려 투표 진행에 관심 가져줄 것을 미리 협조 구합니다.

2. 개표

투표를 모두 마치면 어린이 선거관리위원회에서 개표를 합니다. 개표는 아주 신중하고 정확해야 합니다. 개표 때는 후보자를 불러 옆에

전체 관리

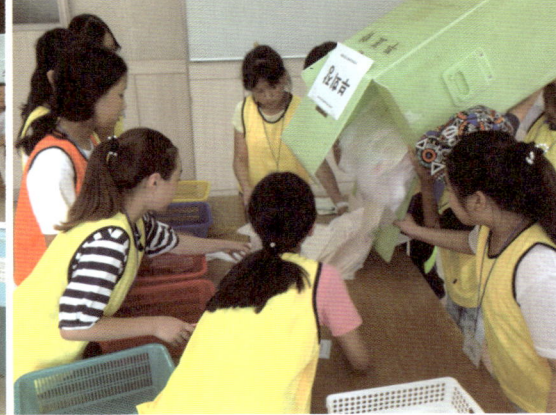

개표

투표 개수 확인하기

전체 대상 학생 수 – 투표 참가자 수 = 투표 불참(기권)

투표 참가자 수 – 무효표 = 실제 유효표 개수

두고 하기도 하고, 어린이 선거관리위원들끼리 하기도 합니다. 이때는 담당교사가 꼭 함께 자리해야 합니다. 우리 학교에서는 개표 과정에 후보자를 부르지 않습니다. 개표할 때는 그 표가 유효한지, 무효인지를 잘 따져야 합니다. 혼자서 결정하기 힘들 때는 담당교사 포함한 여럿이 함께 확인하는 절차가 꼭 필요합니다. 먼저 투표함에 있는 모든 표를 큰 책상 위에 다 쏟고서 기호별로 분류하여 정리합니다. 기호로 정리한 투표용지는 그 수를 확인해서 모읍니다. 모은 투표용지는 적어도 2번 이상 세어보아야 합니다. 셀 때는 2인 1조가 좋은데, 1명은 그 수를 헤아리고, 다른 1명은 제대로 분류했는지를 살핍니다.

개표를 하고서 투표 결과를 정리해야 합니다. 이때 투표자 수와 투표용지 개수가 정확하게 맞아야 합니다. 1표라도 어긋나면 찾고 또 찾아야 합니다. 그러니 앞의 투표 과정에서 정확하게 투표자 확인을 하고, 개표할 때 정확하게 투표용지를 헤아려야 합니다.

3. 결과 발표

개표를 마치면, 그 결과를 알립니다. 가장 먼저 후보자들에게 그 결

유·무효표 구분하는 법

중앙선거관리위원회에 따르면 무효표를 구분하는 방법은 다음과 같다.

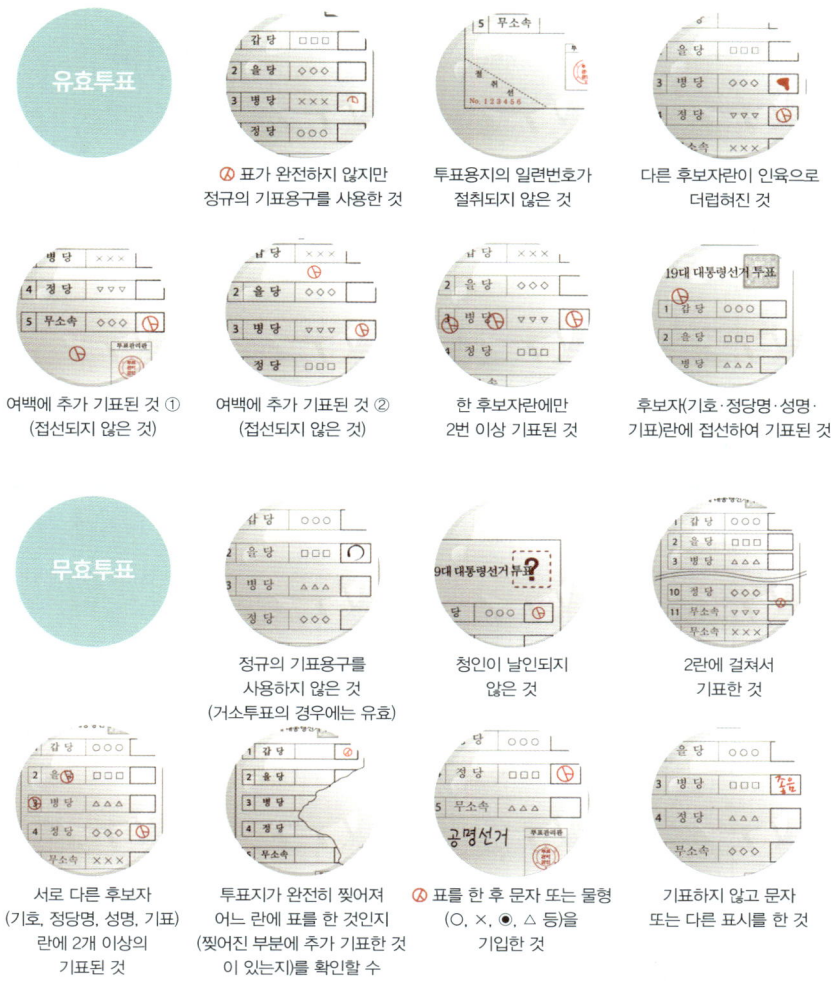

— 출처: 중앙선거관리위원회 「유·무효 투표 예시」

선거관리위원회 발표   당선자 방송

과를 알립니다. 개표를 마치고 이상이 없으면 후보자들을 모읍니다. 후보자들은 선거운동원도 1명 데리고 올 수 있습니다. 어린이 선거관리위원들도 모두 함께합니다. 개표 결과 발표는 어린이 선거관리위원장이 합니다. 긴장한 후보자들은 당선과 탈락에 기뻐하기도 하고, 아쉬워하기도 합니다. 결과를 알림과 동시에 이의신청을 받습니다. 물론 그 뒤에도 이의신청은 가능합니다. 몇 해 동안 맡아서 했는데, 아직까지 이의신청은 한 번도 없었습니다. 이때 담당교사인 저는 결과를 알림과 함께 탈락한 학생의 마음을 보듬으려 애씁니다. 어설픈 우스갯소리도 합니다. 다함께 모여서 단체 사진을 찍습니다. 그리고 크게 손뼉 치며 마칩니다.

이제 결과를 학생들에게 알릴 차례입니다. 투표 결과가 하루 일과를 마치기 전에 나오면 선거관리위원회 위원장과 부위원장이 학교 방송으로 바로 알립니다. 모든 후보자의 득표수를 말하지는 않고, 투표 결과로 회장과 부회장 이름만 발표합니다. 정확한 득표수는 학교 게시판을 활용합니다. 전교어린이자치회 게시판에 투표 결과를 발표합니다. 아울러 후보자 선거 현수막에는 당선 표시를 붙인 채 1주 정도 뒀다가 걷습니다. 학교 홈페이지에도 결과를 알립니다.

새롭게 뽑힌 당선자들과 함께 교장실에 들립니다. 이때도 어린이 선거관리위원장과 부위원장이 함께합니다. 교장 선생님께 새롭게 회장, 부회장으로 당선된 학생을 소개합니다. 당선자들의 소감과 함께 교장 선생님의 덕담을 듣습니다. 자리를 마치며 함께 사진도 찍습니다. 교무실에도 들러 인사를 드립니다.

이렇게 결과 발표의 모든 과정을 마칩니다.

교장실 방문

4. 당선증 수여

투표 결과에 맞춰 학생에게 임명장, 아니 당선증을 줍니다. 지금까지 관행으로 내려오던 임명장을 당선증으로 바꿔서 줍니다. 임명장과 당선증은 그 뜻이 확연히 다릅니다.

임명과 임명장, 당선의 정확한 뜻

임명: 일정한 지위나 임무를 남에게 맡김

임명장: 어떤 사람을 무엇으로 임명한다는 내용을 적은 문서

당선: 선거에서 뽑힘

– 국립국어원, 표준국어대사전

전교어린이자치회 주관 선거에서 투표 결과 회장으로 뽑힌 것은 '당선'입니다. 따라서 '당선증'이 맞습니다. 선거에서 당선한 후보들에게 당선증을 줍니다. 많은 학교에서 당선자에게 임명장 대신 당선증을 주고 있습니다.

그럼 당선증은 누가 줘야 하는 것일까요? 대통령과 국회의원 당선증은 '중앙선거관리위원회' 이름으로 줍니다. 도지사나 시장, 도의원이나 시의원은 지자체 선거관리위원회 이름으로 줍니다. 학교의 경우 선거를 주관한 선거관리위원회 이름으로 당선증을 주면 됩니다. 우리 학교의 경우 '군포양정초등선거관리위원회' 이름으로 당선증을 줍니다.

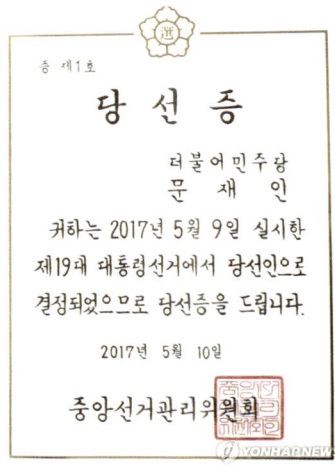

대통령 당선증

　당선증을 주는 사람은 우리 학교의 경우에는 교장 선생님입니다. 어린이 선거관리위원장이 주는 학교도 있는데, 그건 학교의 처지에 맞게 하면 될 것 같습니다.

　전교임원에게만 당선증을 주는 것은 아닙니다. 학급임원도 학교선거관리위원회 이름으로 당선증을 줍니다. 학급임원 결과를 나이스 수상대장에 등록하고, 번호를 받아서 한글 파일로 만듭니다. 이때 당선증은 도장으로 흰 종이에 찍고서 스캔한 뒤 당선증 파일에 넣어서 씁니다. 전교임원 당선증은 담당교사가 만들고, 학급임원은 해당 학년에서 만듭니다.

5. 지역 선거관리위원회 협조

　군포양정초등학교에서 4년 동안 어린이자치회를 하며, 선거 과정

관인 등록

학교 관인은 절차를 밟아 내부결재로 등록해야 한다. 학교 관인을 만든 뒤 행정실에 문의하면 관인 등록 절차를 알려주거나, 행정실에서 직접 등록 처리한다.
우리 학교 관인은 '군포양정초등학교학생자치회선거관리위원회'이다.

군포양정초등학교 관인

에서 지역 선거관리위원회(군포시선거관리위원회)의 도움을 2번 받았습니다. 알게 된 두 해 동안만 2번 받았습니다. 더 일찍 알았다면 더 많이 받았을 텐데 하는 아쉬움이 있습니다. 그 전 두 해 동안은 전자 투표로 전교임원 선거를 했습니다. 마침 경기도교육청에서 진행과정의 투명성에 관한 권고로 수기 투표를 권합니다. 학생들도 수기를 해보고 싶다고 해 수기 투표를 하면서 지역 선거관리위원회에 기표소만 빌리려 전화했는데, 도와줄 수 있는 부분이 있다고 했습니다.

지역 선거관리위원회에서 지원해준 것은 투표용지와 기표소, 그리고 선거종사원이었습니다. 회장과 부회장 후보 이름을 알려주면 우리 학교 유권자 수만큼 투표용지를 인쇄해준다고 말했습니다. 처음 소식을 듣고 고마움 이전에 깜짝 놀랐습니다. 사실 투표 과정에서 담당자가 가장 힘들어하는 게 투표용지를 만드는 일입니다. 컴퓨터로 만들고, 인쇄하고, 자르고. 손이 많이 가는 일을 지역 선거관리위원회에서 그냥 해준다고 하니, 이보다 더 기쁜 소식이 없었습니다. 이를 위해 지역 선거관리위원회에서 요구하는 공문을 보냈습니다.

▶ 협조 공문 ◀

1. 공문(일부)

    20＊＊,＊＊.＊＊. 실시하는 20＊＊학년도 ○○초등학교 전교어린이회 제＊학기 회장단 선거의 투·개표 전반에 관한 사무를 붙임과 같이 지원요청하오니 협조하여 주시기 바랍니다.

    붙임   선거지원요청서 1부.   끝.

2. 선거지원요청서(일부)

    다음과 같이 ○○초등학교 학생회장-부회장 선거의 투·개표 사무의 전 과정을 지원 요청합니다.

    1) 학교 현황(명칭, 주소, 대표자 성명, 선거권 있는 학생의 수)
    2) 선거 실시 개요(선거명, 선거일, 후보자 등록 기간, 투표 방법)
    3) 선거지원 요청내역(학생회장-부회장 선거 투·개표 사무 전 과정)

※ 투표용지, 투·개표 관리 인력지원, 기표소 및 투표함, 투·개표 용품 등

지역 선거관리위원회는 선거일 하루 전날 기표소를 가지고 왔습니다. 기표소를 원하는 위치에 놓고 설치했습니다. 지역 선거관리위원회에서 직접 몇 사람이 나와 설치도 도왔습니다. 물론 우리 어린이 선거관리위원회도 함께 남아 설치 작업을 했습니다. 지역 선거관리위원회에서는 선거 과정에 맞게 어린이 선거관리위원회 학생들에게 투표 절차도 설명해줬습니다. 전문가들이 와서 함께 설치하고, 투표 과정을 설명해주니 어린이 선거관리위원들은 그것만으로도 자부심을 느끼는 것 같았습니다.

선거관리위원회 협조

지역 선거관리위원회 협조가 좋은데 아쉬운 점도 있습니다. 한 해에 한 학기만 지원을 해준다는 점입니다. 정해진 사람과 시설로 학교를 지원해야 하니, 여러 학교를 골고루 지원할 수 있도록 한 해에 한 학기만 지원된다고 했습니다. 선거관리위원회 담당자는 양해를 구했는데 담당 교사로서는 그것만으로도 고마운 일이었습니다.

전자 투표

1. 전자 투표의 장점

우리 학교는 학급임원 선거를 전자 투표로 하고 있습니다. 전교임원 선거를 전자 투표로 하기도 합니다. 전자 투표를 하면 편리한 점이 많습니다.

첫째, 빠른 시간에 마칠 수 있습니다.

전자 투표는 1시간이면 모두 마칩니다. 프로그램을 미리 설치하고 선생님들께 사용 방법을 알리면, 모두가 같은 시간에 마칠 수 있습니다. 투표 결과를 스캔해서 보관해두고 결과를 모아서 통계만 내면 됩니다. 수기로 할 때보다 정말 쉽고 빠르게 마칠 수 있습니다.

둘째, 담임선생님과 학급 어린이 선거관리위원회 주관 아래 공정하게 할 수 있습니다.

전자 투표에서 가장 유의해야 할 점은 공정성입니다. 교실에서 하니 담임선생님의 주관 아래 잘 치러야 합니다. 이때 담임선생님은 학

전자 투표

급 학생으로 선거관리위원을 2명 정도 세우는 게 좋습니다. 그리고 선생님과 함께 진행을 돕습니다. 학생 선거관리위원이 첫 시작을 알리고, 마치고 결과까지 공포하면 더 좋습니다. 투표를 할 때는 키보드를 이용하는데, 다른 학생이 보지 못하게, 다른 학생에게 보이지 않도록 유의해야 합니다.

셋째, 유권자가 흥미롭게 참가합니다.

전자 투표 프로그램은 1명씩 투표할 때마다 투표 인원이 화면으로 뜹니다. 모두 마치면 그 자리에서 결과를 함께 확인할 수 있습니다. 프로그램에 따라 다르겠지만, 현재 많은 교실에서 쓰는 전자 투표 프로그램은 결과를 확인할 때 카운트다운을 합니다. 5, 4, 3, 2, 1을 외치며 결과를 기다립니다. 결과를 알리는 방식도 후보 옆에 표가 하나씩 늘어가며, 적게 받은 후보부터 탈락합니다. 마지막 당선한 후보만이 끝까지 남습니다. 이 과정이 무척이나 흥미롭습니다.

2. 전자 투표 실행 방법

1) 교실에서 하는 방법

1, 2교시 후보자 토론회를 마치면 교실에서 한꺼번에 전자 투표를 실시합니다. 교실마다 전자 투표와 개표를 바로 합니다. 그 결과를 학년에서 한꺼번에 모읍니다. 아니면 교실마다 결과를 담당교사인 저에게 보냅니다. 보낼 때는 유권자 수와 후보자 득표수를 보냅니다. 아울러 전자 투표 프로그램을 스캔한 파일을 함께 보냅니다. 유권자인 학생들이 서명한 학급 선거명부는 종이로 모아둡니다. 그럼 1시간 만에 그 결과가 바로 나옵니다. 이렇게 나온 결과를 어린이 선거관리위원장이 방송으로 공표합니다. 교실에서 할 때는 앞서 말했듯 어린이 선거관리위원을 2명씩 세워서 선생님과 함께하는 것이 좋습니다. 전교어린이자치회에서 개표 위원을 각 반으로 1명씩 보내 투표 과정을 돕고 결과를 모으게 하는 방법도 있습니다. 이때 개표 위원은 6학년으로 하며, 사전에 담임 선생님에게 양해를 구해서 실시합니다.

2) 한 곳에 모여서 하는 방법

교실에서 선거를 진행하면 선거 분위기가 덜 납니다. 선거 분위기를 내면서 전자 투표를 할 수 있는 방법을 고민해봅니다. 수기 투표하는 회의실인 시청각실에서 하려면 어떻게 할 수 있을지 궁리합니다. 노트북으로 프로그램 설치와 캡처 등의 연습을 하고, 학교를 다니며 칸막이를 얻어서 나릅니다. 수기와 똑같이 하나, 기표하는 방식만 전자 투표로 합니다. 이때 학생들이 투표하고자 하는 번호를 1번만 누르도록 사전 교육이 필요합니다. 그런데 이렇게 할 때 너무 번거로워 전자 투표의 효과를 제대로 살릴 수가 없었습니다. 전자 투표를 한다면 교실에서 한꺼번에 하는 것이 좋습니다.

▶ 전자 투표 사용 안내 ◀

1. 전자 투표 프로그램
    1) 선생님 컴퓨터 1대로 진행합니다.
    2) 기표소, 즉 선생님 컴퓨터 자리의 키보드로 후보의 번호를 선택합니다.
    3) 투표가 끝나면 바로 결과를 알 수 있습니다.

2. 투표 과정
    1) 선거인(학생) 명부를 작성합니다.
    2) 프로그램을 실행합니다.
    3) 선거인 명부에 서명하고, 투표합니다.
    4) 투표를 마치면 그 결과를 스크린샷으로 저장합니다.
    5) 투표 결과를 확인하고, 결과를 작성합니다.

6) 선거인 명부와 투표 결과 작성지를 선거관리위원회로 보냅니다.

7) 학급별 스크린샷은 파일로 선거관리위원회에 보냅니다.

3. 프로그램 사용 방법

 1) 받으신 프로그램을 실행하여 설정 화면을 띄웁니다.

  ① 투표 제목 입력 – 전교어린이회장

  ② 투표 방법 선택 – 1인 1투표를 선택합니다.

  ③ 투표 항목 입력 – 후보자 번호에 맞게 이름을 입력합니다.

  ④ 투표할 항목 수 – 이름 개수만큼 숫자를 입력합니다.

  ⑤ 투표할 총 인원수 – 실제 투표 인원수를 입력합니다.(재적이 아님)

  ⑥ 투표 지연 시간 – 최대 9초까지 설정됩니다.

 2) 입력 내용 확인

 3) 투표 진행

  ① 투표자는 원하는 번호를 키보드에서 누릅니다.

  ② 동시에 두 번호를 누르더라도 빨리 누른 하나만 집계됩니다.

  ③ 입력과 동시에 다른 창이 뜨게 해 중복 입력을 막습니다.

 4) 결과 확인

4. 주의사항

 1) 일단 기표하면 되돌릴 수 없으므로 신중하게 투표하도록 사전 지도 바랍니다.

 2) 두 번호를 동시에 눌러도 먼저 인식한 번호 하나만 투표됩니다.

3) esc 키를 누르면 부분 화면이 될 수 있으나 투표에는 변동이 없으며 X표를 눌러 창을 끄는 일이 없도록 마우스를 치워두시기 바랍니다.
4) 번호를 누르는 키보드가 보이지 않도록 미리 가려주시기 바랍니다.
5) 논란의 소지가 없도록 학생들이 투표 진행 상황을 지켜볼 수 있게 투표 시작부터 TV를 켜주시기 바랍니다.

한곳에 모여서 하는 전자 투표

선거 토론회

토론회의 필요성

　대통령이나 국회의원 선거 토론회를 텔레비전으로 볼 수 있습니다. 토론회를 볼 때, 후보자가 갖춰야 하는 태도, 듣기와 말하기 따위의 기본에서 아쉬움이 큽니다. 공약 중심의 정책 토론보다는 상대를 깎아내리는 인신공격성 내용이 많습니다. 토론에서 상대 이야기를 귀담아 듣지 못하는 모습도 아쉽습니다. 이런 모습을 볼 때면 어릴 때부터 토론을 경험해야 한다는 생각이 듭니다.

　지금까지 우리 학교에서 전교임원을 뽑는 선거는 늘 비슷했습니다. 공약을 발표하고서 투표로 결정했습니다. 사실 많은 학교가 이와 비슷합니다. 하지만 공약만 듣고서 후보자의 자질을 확인하는 것은 사실 힘듭니다. 임원 선거이지만 인기투표에 가깝습니다. 그래서 자치회를 처

 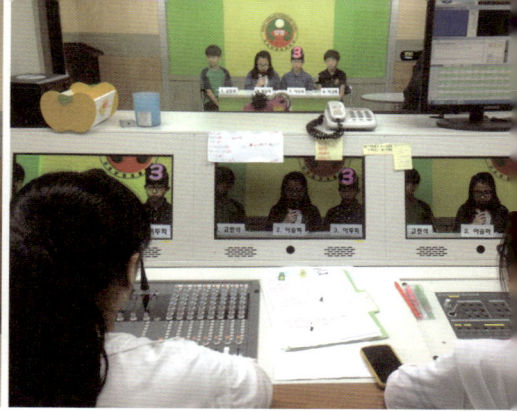

후보자 토론회   방송실

음 맡으면서 공약 발표만으로 끝내지 않기 위해 토론회를 더했습니다. 우리 학교 처지에 맞게 토론회 형식을 만들었습니다. 다행스럽게도 요즘 많은 학교에서 임원 선거에 토론회를 더하려고 노력하고 있습니다.

자치회 담당교사가 사전에 확인할 것

- 방송실 상태(책상, 의자 배치, 카메라 따위)

- 사전 연습(처음일 경우, 방송부 학생들과 진행 절차 확인)

- 후보자 이름 팻말(토론회 때 후보자 앞에 둠)

- 사회자 진행 시나리오

- 사회자 진행 상태 숙지 확인

- 방송 전, 교실 방송 상태 확인(선거관리위원회 학생들이 다니며 확인)

토론회 절차

 선거 토론회는 방송실에서 합니다. 방송실에서 토론하는 모습을 교실에서 텔레비전으로 봅니다. 공약 발표 같은 후보자 개인 발표 때는 카메라가 후보자를 크게 잡고, 후보자 상호질의 때는 후보자가 모두 나오게 잡을 수 있으니 유권자인 일반 학생들이 집중하기에는 방송도 괜찮습니다. 학생 수가 적다면 방송이 아닌 회의실, 즉 시청각실 같은 곳도 좋을 듯합니다. 강당이 있는 큰 학교라면 학생 수가 많더라도 모두가 모여서 하는 것도 좋은 경험이 될 것 같습니다.

1. 시작 알림

 후보자 토론회를 시작하려니, 방송실에 긴장감이 흐릅니다. 후보자들도 긴장하지만, 더 긴장하는 사람은 담당교사와 아나운서 그리고 방송부 학생들입니다. 잘해보자는 말에, 모두 제 역할 준비에 정신을 쏟습니다. 진행을 맡은 학생은 바른 자세로 서서 옷을 다시 가다듬고 앞에 둔 원고를 살핍니다. 자리에 앉은 후보자들은 바짝 굳은 얼굴을 풀며 토론회 시작을 기다립니다. 방송실에서 토론회 시작 벨이 울리며, 카메라에 진행자가 크게 잡힙니다.

 "지금부터 군포양정초등학교 전교학생회장 및 부회장 후보자 토론회를 시작합니다."

후보자 공약 발표

2. 공약 발표

후보자들이 각자 공약을 발표합니다. 기호 순으로 하는데, 긴장하던 후보자들이 공약을 말하며 조금씩 긴장을 풉니다. 공약은 회장 또는 부회장으로서 학교를 위해 무엇을 할 것인지 드러내는 약속입니다. 중국글자로는 공약(公約)인데, 가끔 말만하고 지키지 않는다고 해 공약(空約)이라는 비아냥을 듣기도 합니다. 학생들이 내세운 공약은 꼭 지킬 수 있어야 합니다. 그러기 위해서는 사전에 지킬 수 있는 공약으로 내세우게 도움말을 주고, 확인도 해야 합니다. 우리 학교에서는 후보자들이 기호를 뽑는 첫 만남에서 제가 이런 도움말을 줍니다. 그리고 후보 학생의 담임선생님께 후보 학생의 공약이 지킬 수 있는 공약인지 살펴봐 달라는 협조 문자를 드립니다.

1) 실체가 없는 공약

회장-부회장 선거가 있기 전에, 1명씩 공약을 물어봅니다. 후보자들의 공약이 너무 추상적입니다. 무엇을 하려는지 잘 모르겠습니다. 예를 들면, '행복한 학교', '폭력이 없는 학교', '다섯손가락을 지키는 회장' 따위의 그럴듯한 목표만 있습니다. 후보자들에게 이런 학교가 되기 위해서는 어떤 일을 할 것인지 생각해보라며 다시 시간을 줍니다. 선거운동하는 학생들과 함께 실천할 수 있는 방안도 넣게 했습니다.

2) 잘못된 공약

전교어린이회장 선거를 하고 나면, 공약이 잘 지켜지지 않습니다. 한 번은 회장이 토론회에서 각 교실에 축구공과 피구공을 준다고 공약했습니다. 사전에 미리 도움말을 하지 않은 탓입니다. 지키기 힘든 공약입니다. 결국 전교어린이회장이 공약을 지킨다며 모든 교실에는 못 넣고, 자치회 예산으로 축구공과 피구공을 하나씩 사서 학년에 넣고 학생들에게 알렸습니다.

3) 함께 힘을 모아 지킨 공약

"제 공약을 지키고 싶은데, 어머니가 우산을 사준다는데요."

2학기 회장 공약이, 누구나 쓸 수 있는 우산을 학교에 비치하는 것입니다.

"어머니가 사주시는 건 안 되고, 고민해보자."

교실마다 복도에 우산꽂이가 있습니다. 쓰지 않는 우산, 주인 없는

우산을 정리하는 자치회　　　　　정리된 우산꽂이

우산이 많습니다. 우리 반도 그렇습니다. 그걸 활용하는 방향으로 생각했습니다.

　자치회 운영위에서 교실에 오더니 종이 한 장을 줍니다. 내용인즉, '(까닭을 설명하고서) 한 주 동안 교실 우산을 확인하고 주인이 없으면서 쓰지 않는 우산이 있으면 4-6 이영근 선생님께 메시지 주세요. 그러면 자치회에서 가서 받아서 쓰겠습니다.'는 내용입니다. 알림종이에 쓸 내용을 스스로 채웠음에 놀라며, "좋네. 잘했네." 칭찬했습니다.

　아침에 우리 반부터 정리합니다. 우리 반 자치회 임원들이 우리 반 우산꽂이 우산을 정리합니다. 못 쓰는 것과 쓸 수 있는 것을 구분합니다. 쓸 수 있는 것을 아이들에게 주인이 있는지 묻습니다. 남는 것만 보여주기에, 자치회실에 가져다두라고 했습니다.

　저도 선생님들께 메시지를 드려 학생들을 돕습니다. 몇 개 반에서 우산을 보내오거나 가져가라고 하십니다. 우리 반 자치회 임원들이 몇 번을 오갑니다. 받은 것은 자치회실로 가져다둡니다.

　전교회의를 하다가, 10분을 남기고 모두가 함께 우산꽂이를 찾으러 다녔습니다. 학교가 지금보다 클 때 썼는데 지금은 안 쓰는 것이 있을 것 같습니다. 3개 모둠으로 나눠 다니고서 자치회실에 가져왔는데, 모두 15개 정도나 됩니다. 우산꽂이 안에 있는 쓰레기를 버리고, 한 곳에 정리합니다. 모아둔 우산을 다시 한번 쓸 수 있는 것과 못 쓰는 것으로 나눠 꽂습니다.

3. 후보자 상호질의

후보자 공약을 마치면 서로 묻고 답하는 시간입니다. 상대 공약을 따져 질문하는 모습, 상대의 날카로운 질문에 대답하는 모습에 시간 가는 줄 모릅니다. 아, 가끔은 시간이 멈추기도 합니다. 질문이나 대답을 못 해 시간만 보내기도 합니다. 토론회를 몇 해째 하는데, 요즘은 드물지만 꼭 시간이 멈춘 듯 멀뚱거리는 학생이 보입니다. 사실 이런 학생은 당선 가능성이 무척 낮습니다. 지금껏 제 경험으로는 된 적이 없습니다. 그러니 그 학생의 마음이 다치지 않도록 "지금은 생각이 나지 않

후보자 질의 자료

습니다." 또는 "이상 질문을 마칩니다." 하고 앞에서 살짝 말해줍니다. 그럼 제 말을 따라 마무리합니다.

　토론회 때문에 방송실에 올 때 아이들은 종이와 필기도구를 가지고 옵니다. 종이에는 자기 공약과 함께 상대 공약에 대한 질문거리, 상대의 예상 질문에 준비한 대답을 몇 장씩 가지고 옵니다. 해가 갈수록 이런 모습은 더 짙어집니다. 그러니 토론회에서 후보자 상호질의도 해가 갈수록 조금씩 더 치열해집니다. 치열하지만 상대를 몰아붙이지는 않습니다. 정치인들의 토론회와 다른 모습입니다. 상대의 생활 모습을 들추거나 약점을 캐묻지 않습니다. 상대 공약을 하나하나 캐묻습니다.

　후보자 상호질의 시간이 지나면 토론을 잘하는 아이, 회장이 될 것 같은 아이가 보입니다. 물론 그 촉이 엇나갈 때도 많습니다. 토론회에서의 모습도 중요하지만, 후보자가 보여주는 일상의 생활 모습이 더 중요할 테니까요. 후보자들의 조건이 비슷하거나 보통 때 잘 드러나지 않는 후보자라면, 토론회에서의 모습은 큰 몫을 합니다. 특히나 후보자 상호질의 시간은 당락까지 좌우한다고 볼 수 있습니다.

　후보자 상호질의 차례는 사전에 정합니다. 그 차례는 후보자들이 뽑기로 정합니다. 질문과 답변의 시간도 정해둡니다. 질문하는 데는 모두 2분 또는 3분, 대답에는 30초를 넘지 않게 합니다. 물론 대부분 학생이 주어진 시간보다 짧게 묻고 답합니다. 시간이 끝나기 전에 질문을 마치면 "이상 질문을 마칩니다." 하고 말합니다. 질문은 한 후보자에게만 할 수도 있고, 여러 후보자에게 할 수도 있습니다. 이런 방법은 후보자 모임에서 자세하게 안내합니다.

4. 유권자 질의

선거 토론회의 꽃은 후보자 상호질의와 유권자 질의 시간입니다. 특히 학급에서는 더 그렇습니다. 그런데 전교임원 선거에서는 유권자 질의를 받는 게 현실적으로 쉽지 않습니다. 작은 학교라 강당 같은 곳에서 한다면 가능하겠지만, 큰 학교일 경우에는 어렵습니다. '어떻게 할 수 있을까?' 궁리하다가, 어린이 선거관리위원회 학생들을 모아서 질문을 만들었습니다. 학생들이 내는 의견을 다듬고 다듬어 10개가 넘는 질문을 만듭니다. 질문을 색지에 인쇄해 잘 접었습니다.

토론회하는 날, 진행자는 후보자에게 질문지가 든 통에서 하나를 뽑게 합니다. 질문지를 뽑는 차례도 미리 정해둡니다. 후보자는 질문지를 펴지 않고 그대로 사회자에게 건냅니다. 질문지를 건네받은 사회자는 질문을 하고, 후보자는 실시간으로 질문에 답을 합니다. 질문에 답하는 시간도 제한을 둡니다.

유권자 질의

유권자 질의 때 어떤 질문이 주어질지 모릅니다. 그러니 순발력이 필요합니다. 유권자 질의에는 기존 학교의 모습과 학교자치회 활동을 묻는 것이 많습니다. 학교에 관심을 갖고 학교자치회 활동에 꾸준하게 참여한 학생만이 제대로 답할 수 있습니다. 참고로 우리 학교에서는 유권자 질의는 회장만 하고, 5학년 부회장 토론회에서는 하지 않습니다. 즉, 5학년 부회장 토론회는 공약, 후보자 상호질의, 마지막 발표로 마칩니다.

우리 학교에서 만든 질문

- 이전 행사에 참여하였나요? 참여했다면, 좋았던 행사는 무엇인가요? 못했다면, 왜인가요?
- 만일 회장이 되지 않는다면, 일반 학생으로서 우리 학교를 위해 무엇을 할 수 있나요?
- 전교어린이회 자치행사를 연다면, 학생들이 좋아할만한 행사로 무엇을 생각하나요? 그 까닭과 함께 말씀해주세요.
- 즐거운 학교를 만드는 것에 찬성합니까? 그럼 어떻게 만들 수 있습니까?
- 만일 학교에서 학생들을 위해 필요한 것을 사준다고 한다면, 무엇을 사는 것이 좋을까요? 그 까닭과 함께 말해주세요.
- 상대 후보자들 공약 중에 가장 실천이 어렵다고 생각하는 공약은 무엇인가요? 그 까닭은요?

-만일 우리 학교 학생이 본인에게 욕을 하거나 나쁜 말을 한다면 본인은 어떤 반응을 할 것인가요?

-후보자가 생각하는 우리 학교의 문제점을 말씀해주시고, 그 문제를 어떻게 해결할 수 있을지 말해주세요.

-학교폭력 신고함이 있더라도 학교폭력은 일어날 수 있습니다. 그에 대한 해결방안은 무엇이 있을까요?

-많은 학생이 복도에서 뛰는 모습을 보았습니다. 어떻게 하면 복도에서 뛰지 않을 수 있는지 구체적인 방법을 말해주세요.

-지금까지 전교어린이 회장들은 욕설과 학교폭력을 쓰지 말자고 했지만, 잘 안 지켜졌습니다. 만약에 전교회장이 된다면 어떻게 할 생각인가요?

-상대 후보 공약 중에서 내가 회장이 되면 받아들이고 싶은 것이 있나요? 있다면 어떤 공약인가요?

-우리 학교의 좋은 점은 무엇인가요? 이것과 함께 더 좋게 하고픈 것이 있나요?

5. 마지막 발표

뜨거운 토론회가 끝나갑니다. 그렇지만 끝난 게 아닙니다. 마지막 발표가 남았습니다. 지금까지의 토론 과정을 제대로 마치기 위해서는 마지막 발표도 소중하게 해야 합니다. 마지막 주장은 공약과 다릅니다. 공약을 다시 한번 언급하는 시간보다는 듣는 유권자에게 감동을 주는 것이 좋습니다. 마지막 발표에서는 흔히 잘 알려진 말을 살려서 합니다.

토론회를 하고서 바뀐 모습

1. 토론회에서의 모습이 중요해졌다

토론회를 하니, 유권자 학생들이 투표할 때 기준이 생겼습니다. 물론 공약만 할 때도 공약이 기준 몫을 했겠지만, 토론회는 그 중요도에서 다를 수밖에 없습니다. 토론회에서 공약은 대부분 비슷합니다. 미리 준비해온 것을 제대로 읽거나 외워서 말하니 후보마다 실력 차이가 눈에 띄지 않습니다. 이후 토론회에서 후보자들이 묻고 답하는 과정에서 실력 차이가 드러납니다. 유권자들은 토론회에서 제대로 묻고 야무지게 대답하는 후보자에게 호감을 보이며, 이는 대부분 표로 연결됩니다.

토론회 시청

2. 갈수록 수준이 높아진다

우리 학교에서 토론회를 처음 하던 해, 1학기 토론회 모습이 어떠했을까요? 한 번도 해본 적이 없으니 준비부터 시작까지 모두 힘들었습니다. 준비하는 저도 쉽지 않았습니다. 그런데 막상 토론회를 시작하니 후보자나 유권자 모두 흥미로워했습니다. 두 번째인 2학기 토론회 모습은 완전히 달랐습니다. 한 번 토론회를 한 자치회 학생이나 방송반 학생, 지켜본 일반 학생들은 두 번째 토론회에서 아주 여유 있지만 치열했습니다. 처음에는 자기 공약만 준비해왔지만 갈수록 질문과 대답할 거리를 많이 준비해서 옵니다. 공약 또한 공격을 받지 않기 위해 실천 가능한 공약을 준비하게 됩니다.

3. 지켜보는 눈이 또렷해 책임감을 갖는다

교실에서 학생들이 토론회를 유심히 살핍니다. 몇몇 선생님은 학생들에게 후보자들의 공약이나 질문을 메모하며 따져보게도 합니다. 학년 교육과정과 연계해 지도하는 선생님도 있습니다. 그만큼 후보자 토론회는 많은 관심을 받습니다. 이런 관심은 유권자인 일반 학생들이 한 번 듣고 잊을뻔한 후보자들의 공약을 묻고 답하는 과정에서 제대로 기억하게 돕습니다. 이런 관심과 함께 후보자는 토론회 과정에서 자기 공약을 여러 번 드러내며 꼭 지키겠다고 했으니 책임감을 가질 수밖에 없게 됩니다.

빛깔이 살아있는 토론회 진행

토론회에서 공정한 진행은 중요합니다. 그만큼 진행을 맡은 사회자의 역할이 중요합니다. 처음 토론회를 할 때는 학교 방송반 아나운서 학생에게 부탁했습니다. 방과 후에 몇 번을 우리 반 교실로 불러 시나리오를 연습했습니다. 카메라 앞에 서본 경험이 많은 학생인지라 연습을 거쳐 토론회를 무난하게 잘 진행했습니다. 하지만 사회 진행도 원래는 자치회의 역할이니만큼, 자치회의 학생이 진행을 맡아 자치회만의 빛깔을 조금 더 살리면 좋지 않을까 하는 생각이 듭니다. 어린이 선거관리위원회에서 토론회 사회 진행을 시도해봅니다. 어린이 선거관리위원장에게 시나리오를 주고 역할을 맡겼습니다. 책임을 맡으니 아나운서처럼 매끄럽지는 않지만, 공정하게 잘 진행했습니다.

토론회 진행자

▶ 시나리오 ◀

안녕하세요. 군포양정초등학교 어린이 여러분, 저는 20**학년도 제*학기 전교어린이회 임원 선출 진행을 맡은 어린이 선거관리위원회 위원장 ○○○입니다.

본 토론회는 **초등학교 학칙 제*장 **조를 바탕으로, 20**학년도 제*학기 전교어린이회 정·부회장 선출 계획에 따라서 진행함을 먼저 밝혀드립니다.

군포양정초등학교 어린이 여러분, 여러분은 우리 학교를 대표하는 전교어린이회 회장과 부회장은 어떤 학생이어야 한다고 생각하나요? 학생마다 그 생각은 다 다를 것인데요. 지금부터 할 토론회와 공약 발표를 들으시며 여러분께서 생각하신 판단 기준에 따라 소중한 한 표를 행사하시길 빕니다.

1부. 전교어린이회 회장 토론회

먼저, 1부는 전교어린이회 회장 토론회를 하도록 하겠습니다.

오늘 토론회는 4단계로 실시합니다. 1단계는 후보자 공약 발표 시간입니다. 2단계는 학생들이 만들어준 질문과 그 답변 시간입니다. 3단계는 후보자 상호질의와 답변 시간입니다. 4단계는 마지막 주장이 되겠습니다. 1단계와 4단계는 후보자의 기호 차례이며, 2단계, 3단계는 사전 추첨으로 차례가 정해졌음을 알려드립니다.

그럼 후보자 토론회를 시작하겠습니다.

1단계로 후보자의 공약 발표 시간입니다.

먼저 기호 1번 ○○○ 후보자입니다. 제한시간은 3분입니다.

고맙습니다. 다음은 기호 2번 ○○○ 후보자입니다. 제한시간은 3분입니다.

고맙습니다. 다음은 기호 3번 ○○○ 후보자입니다. 제한시간은 3분입니다.

네. 세 후보자의 공약을 잘 들었습니다.

2단계는 학생들이 만들어준 질문에 답변하는 시간입니다. 이 질문은 이번 20＊＊년 5, 6학년 학급 회장들이 만들었습니다. 10개의 질문 가운데 2개를 뽑아서 질문하도록 하겠습니다.

첫 번째 질문입니다. 질문-대답 시간은 1분 이내입니다.

답변 차례는 …

두 번째 질문입니다. 질문-대답 시간은 1분 이내입니다.

답변 차례는 …

네. 알찬 답변 고맙습니다.

3단계는 후보자 상호질의 시간입니다. 후보자는 주어진 시간 동안 상대 후보 아무에게나 질문이 가능합니다. 만일 시간이 남았는데, 더 이상 질문할 것이 없으면 "이상 질문을 마치겠습니다"라고 말씀해주시면 되겠습니다. 차례는 사전 추첨에서 결정된 기호 ○번 ○○○ 후보자가 먼저 질문하도록 하겠습니다. 제한시간은 2분입니다. 질문에 상대 후보자가 답변하는 시간은 30초 이내입니다.

4단계는 마지막 주장 시간입니다. 토론회를 마치며, 저를 회장으로 뽑아달라는 마지막 호소입니다. 제한시간은 30초 이내입니다. 기호 차례로 1번 ○○○ 후보자부터 하겠습니다.
네. 이것으로 토론회를 마치겠습니다. 교실에서는 6학년 세 후보자의 기호와 이름을 잘 확인하시고서 투표해주시기 바랍니다. 고맙습니다. 2부에서 뵙겠습니다.

(2부 부회장 토론회 생략)

※참고: 학급 선거 토론회
학급 선거 토론회 과정도 전교 선거 토론회 과정과 비슷하다. 우리 반의 경우, 학급 선거 토론회 과정은 '공약 발표 – 후보자 상호질의 – 유권자 질의'로 이루어진다.

2장

아이들의 목소리가 살아있는 회의

전교 어린이회의

기존의 틀 깨기

전교어린이회의가 제 빛깔을 내려면 어떻게 해야 하지? 하는 생각이 들었습니다. 전교어린이자치회를 업무로 맡으며 가장 먼저 고민한 게 전교어린이회의였습니다. 그 전에 『와글와글 토론 교실』(우리교육, 2015)을 쓰며, 학급회의를 바꾼 이야기를 했습니다. 기존에 관행으로 내려오던 차례를 잊고, 우리 반 교실에 맞는 차례를 고민했습니다.

전교어린이회의도 이런 고민부터 시작했습니다. 전교어린이회의도 우리 학교에 필요한 방식으로 하려고 고민했습니다. 이 고민은 업무 담당교사인 제가 할 수밖에 없습니다. 이때 고민한 것은 두 가지였습니다. 하나는 꼭 필요한 것만 살릴 것, 다른 하나는 전교어린이회의가 지속 가능해야 한다는 것이었습니다.

참사랑땀 반 학급회의 차례

1. 개회 선언
2. 이번 주 우리 반의 좋았던 점, 아쉬운 점, 바라는 점(좋아바)
3. 이야기 나눌 주제 정하기(의제 선정)
4. 이야기 나누기
5. 선생님 말씀
6. 서기 발표
7. 폐회 선언

1. 우리 학교 회의에 꼭 필요한 것 챙기기

전교어린이회의에 꼭 필요한 것은 무엇일까요? 업무 담당자가 되고서 저도 고민을 많이 했습니다. 우선 기존 회의에서 꼭 있어야 할 것과 새로 보태야 할 것을 찾았습니다. 우리 학교의 경우는 학급회의 확인, 생활계획 수립과 확인, 행사 계획과 진행, 건의사항을 챙겼습니다. 이렇게 추려낸 차례 또한 우리 학교의 사례일 뿐, 학교마다 다를 수 있습니다. 어떤 경우에는 기존 회의의 차례를 잘 살려서 할 수도 있다고 생각합니다.

1) 학급회의 확인

먼저 학급회의를 확인합니다. 회의 때마다 학급회의 결과를 확인하는 까닭은, 학급회의를 많이 했으면 하는 바람 때문입니다. 학교자치의 바탕은 학급자치이고, 학급자치는 학급회의에서부터 시작됩니다. 그런데 선생님들은 학급회의를 할 시간이 없다고 하십니다. 그래서 학급회의를 시간 내에 마칠 수 있도록 그 틀을 안내드리고자 합니다.

▶ 학급회의 안내 ◀

1. 여는 말

"지금부터 ○○반 학급어린이회의(학급 특색에 맞게 이름-다모임 따위)를 시작하겠습니다."

2. 우리 반 돌아보기 – 좋은 점, 아쉬운 점, 바라는 점(15분)

"지난 한 주 동안 우리 반에서 좋은 점과 아쉬운 점, 혹은 학급이나 학교에 바라는 점을 말씀해주시기 바랍니다."

(준비할 시간을 줘도 좋다. "그럼 발표 준비 시간을 1분 드리겠습니다.")

"의견이 있으신 분은 손을 들고 말씀해주시기 바랍니다."

– 좋은 점, 아쉬운 점, 바라는 점을 자유롭게 말할 수 있다.

(부회장은 칠판에 좋은 점, 아쉬운 점, 바라는 점을 영역으로 나눠 쓴다.)

– 학생이 처음 발표할 때는 다른 친구들이 질문이나 반론을 하지 않는다.

(학생들 의견을 간단하게 칠판에 쭉 쓴다.)

학급회의
의견 발표

3. 이야기 나누기(20분)

"더 이상 의견 없습니까? 그럼 지금까지 나온 것에서 이야기 나눌 주제를 정하겠습니다."

– 의견으로 나온 것 중에서 학생들 추천으로 하나를 선정한다.

 (3~5개 추천 후 다수결)

– 의견으로 나온 것 중에서 담임선생님이 하나를 선정한다.

"선정한 두 가지 의견에 관해 이야기 나누겠습니다. 먼저, 학생들이 추천한 ○○으로 이야기하겠습니다."

– 의견 낸 학생이 상황 설명(다른 학생이 상황 설명을 덧붙일 수 있음)

– 반론이나 질문(의견 낸 학생과 의견이 다르거나 궁금한 점)

– 해결 방법 정하기

"이어서 선생님이 정한 ○○으로 이야기하겠습니다."(진행 방법 동일)

4. 서기 발표와 선생님 말씀(5분)

"다음은 서기가 회의 결과를 발표하겠습니다."

- 학급 서기가 이야기 나누기의 회의 주제와 결과를 발표한다.

"선생님 말씀이 있겠습니다."

- 학생들이 낸 의견에 도움말을 덧붙인다.

5. 닫는 말

"이것으로 ○○반 학급어린이회를 마치겠습니다."

결과를 종이에 써 교실에 붙여두고 학생들이 볼 수 있도록 한다.

2) 생활계획

생활계획이 있어야 할지 없어야 할지는 담당교사가 판단할 필요가 있습니다. 예전에는 학교에서는 한 해 생활계획을 미리 세우고서 전교어린이회에 전달하는 방식을 썼는데, 이런 경우에는 학생들 스스로 계

생활계획

획을 지켜야지 하는 생각을 갖게 하기에 힘이 떨어집니다. 학생들이 지켜야 할 생활계획이 필요하다면, 학교에서 만들어주기보다는 학생들이 스스로 만들었으면 합니다. 학생들이 자기의 생활을 살피며, 필요한 것을 생활계획으로 세우게끔 합니다.

이번 달 마지막 주에 다음 달 생활계획을 세웁니다. 생활계획에 알맞은 실천 목표를 세울 수도 있는데, 우리 학교에서는 생활계획만 세웁니다. 그 실천 목표는 학급마다 다를 수 있고, 생활계획에서도 무엇을 해야 하는지가 약속으로 나올 수 있기 때문입니다. 생활계획이 정해지면, 홍보부는 알림종이와 홍보 영상을 만듭니다. 알림종이는 복사해서 교실로 나눕니다. 물론 자치회가 스스로 알아서 합니다. 저는 처음 복사할 때 할 수 있는 곳과 하는 방법만 알려줍니다.

3) 행사

전교어린이회 일꾼들이 가장 진지하게 참여하는 시간입니다. 달에 하나 꼴로 하는 행사로, 무엇을 할 것인지 결정합니다. 이번 달 말에 다음 달의 행사로 무엇을 할지 결정합니다. 행사와 함께 행사 준비위원회를 꾸립니다. 그다음 주부터 행사 때까지 준비위원회에서 행사의 모든 진행을 맡아서 합니다. 전교어린이회의 때마다 행사 준비 상황을 보고합니다. 행사 준비는 준비위원회가 맡지만, 행사하는 날 진행은 모두가 함께해야 하기 때문입니다. 행사를 마치면 행사 결과를 보고하며, 짧더라도 평가회를 갖습니다. 계획에서 진행과 평가까지 전교어린이회의에서 계속 논의합니다.

4) 건의사항

학교에 아쉬운 점이나 바라는 점을 이야기하는 시간입니다. 건의사항이 활발해야 학생들이 바라는 학교를 만들어갈 수 있습니다. 그런데 회의를 하다 보면 학급임원인 참가자들이 아무런 준비도 하지 않고 올 때도 있습니다. 학급 학생들의 건의사항을 꼭 받아오라는 이야기를 여러 번 합니다. 학급회의를 활용하면 좋으나, 하지 않는 교실이 많으니 학급임원들은 학생들의 의견을 모으기 위해 노력해야 합니다. 학급에 자그마한 게시판을 두고 건의사항을 쓰게 하는 것도 좋습니다.

• 사례 1 – 벽시계

복도에 시계를 설치해달라고 건의사항이 들어왔습니다. 시계를 볼 수 있으면 수업 시작 시간을 알 수 있기에 좋겠다는 의견입니다. 이치에 맞는 의견인데, 학교 전체에 시계를 설치하려니 예산이 꽤 들어 힘듭니다. 교장 선생님께서 궁리하시고서는 학급으로 메시지를 보냅니다. 교실에 있는 시계 위치를 복도에서 볼 수 있도록 문 반대편 벽에 달아달라는 내용입니다. 시계를 옮기는 데 혼자 힘으로 되지 않으면 행정실 협조를 받으라는 내용도 있습니다. 학생들이 복도에서 출입문이나 창문으로 교실에 있는 시계로 시간을 알 수 있게 되었습니다.

• 사례 2 – 점심 음악 방송

전교어린이회의에서 '점심 음악 방송'이 건의사항으로 나옵니다. 사전에 방송실 담당 선생님에게 가능한지 알아보았습니다.

방송실 담당교사는 가능하다고 말하고, 방송실 담당 실무사도 일주일에 두 번 정도라면 학생들이 할 수 있다고 말합니다. 방송실 아나운서와 기술 담당 학생을 불러 물으니 역시 할 수 있다며 의욕을 보입니다.

전교어린이자치회 회장, 부회장이 교장 선생님과 면담합니다. 사전에 교장 선생님께는 위의 진행과정을 미리 알려드렸습니다. 방송은 수, 금요일에 20분씩 하기로 합니다. 교장 선생님께서는 교육을 염두에 두고서 가사를 따져보면 좋겠고, 가요만이 아니었으면 하셨습니다. 수요일은 동요, 금요일은 가요를 틀기로 했습니다. 어린이자치회 예산으로 어린이 노래 작곡가 백창우 노래로 다섯 종류의 CD를 샀습니다. 점심 방송을 할 때마다 3곡을 틉니다. 각 노래에 맞는 멘트를 준비합니다. 금요일은 학생들 추천을 받아 방송합니다. 자치회실과 방송실 앞에 추천곡을 넣게 되어 있습니다. 이렇게 음악 방송의 준비를 마쳤습니다.

기다리던 점심 시간의 첫 번째 음악 방송이 시작되었고, 아나운서는 멘트를 멋지게 읊었습니다.

"(노래가 나오고서) 짧은 노래에 우리 어린이 마음이 잘 담긴 것 같습니다. 다음 노래는 '연필'이라는 노래인데요. 먼저 시를 감상해보시죠. (시 낭송) 네, 그럼 이어서 노래도 들어보도록 하겠습니다."

• 사례 3 – 책상 교체

책상이 오래되어 낙서와 홈집이 많다고 교체를 요구합니다. 그렇지만 책상 교체가 학교 예산으로 할 수 있는 게 아닙니다. 그러니 번번이 할 수 없다는 답을 듣습니다. 그러다가 교육청에서 책상 교체 예산이 편성되어 책상을 교체합니다. 자치회 학생들이 좋아합니다. 자기들 요구로 바뀌었다고 좋아합니다. 틀린 말도 아닙니다. 학생들 요구가 계속 있었기에 바꿀 계획을 세운 것이기 때문입니다.

2. 전교어린이회의 시간 만들기

전교어린이회의는 꼭 해야 합니다. 함께 만들어가는 어린이자치회의 기본이 회의이기 때문입니다. 그런데 전교임원들이 함께 만날 시간을 맞추기가 무척 어렵습니다. 우리 학교에서도 이런저런 경험을 하며 적합한 시간을 찾았습니다. 함께 만날 시간을 찾는 과정을 살핍니다.

1) 방과 후

제가 학생일 때는 전교어린이회의를 늘 방과 후에 했습니다. 방과 후에 만나서 1시간 남짓 전교어린이회의를 했습니다. 그때는 달에 1번 했습니다. 그때 기억을 떠올려 방과 후에 합니다. 계획을 세우고 확인

방과 후 전교회의

하며 반성하려니 달에 1번은 적어, 달에 2번으로 합니다. 요일은 한 주를 마치는 금요일에 합니다. 그런데 4학년이 5교시라 1시간을 기다렸다가 5, 6학년이 수업을 마치는 시각에 맞춰 회의에 참여합니다. 그래서 요일을 바꿔 수요일 5교시 마치고 모입니다.

무슨 요일이든 방과 후에 모이니 집중이 되지 않습니다. 방과 후에 하니 학생들이 안절부절 못하며 회의에 집중하지 못합니다. 회의를 빨리 마치고 학원에 가야 해서 그렇습니다. 요즘 학생들은 바쁩니다. 수업을 마치고 바로 학원에 간다고 바쁩니다. 교실이나 운동장에 남아서 노는 학생도 드뭅니다. 그러니 전교어린이회의를 할 시간 만들기도 쉽지 않습니다.

2) 창의적 체험활동 동아리

창의적 체험활동에 동아리 시간이 있습니다. 우리 학교 동아리는 학교에서 같은 요일, 같은 시간에 합니다. 월요일 6교시는 4, 5, 6학년이 모두 동아리 활동을 합니다. 청소년 단체나 합창부 같은 학교 공식 학생 단체가 이때 동아리로 엮여 함께 모입니다. 어린이자치회도 이때 회의하면 좋겠다 싶었습니다. 그래서 교직원 회의에서 선생님들께 어린이자치회를 동아리로 만들고 싶다고 제안했습니다. 어린이자치회 활동이 활발한 모습에 선생님들이 흔쾌히 동의해줍니다.

3) 점심시간

창의적 체험활동 동아리 시간에 모이니 참 좋습니다. 동아리 시간마다 1시간씩 집중하며 이야기 나눕니다. 그런데 동아리 시간이 학기마다 일정하게 정해져 있습니다. 우리 학교는 학기에 8시간 정도입니다. 1학기의 경우 4월에 시작해 6월 초에 끝이 납니다. 동아리 시간이 아닌 주에는 언제 모일지 학생들과 이야기 나눕니다. 학생들은 점심시간에 모이면 좋겠다고 합니다. 동아리 시간이 아닌 주에는 월요일마다 점심시간에 우리 반 교실에서 모입니다. 12시 20분에 점심시간이 시작되니, 회의는 12시 50분에 시작합니다. 12시 50분에 시작해 1시 15분에 마치고 교실로 갑니다. 회의 시간이 25분 남짓인데 주마다 하니 이 시간이 짧지 않습니다. 이야기 나누다가 결론이 나지 않으면, 운영위원회나 다모임, 또는 다음 주 회의로 넘깁니다. 정해진 시간을 넘기지는 않습니다.

회의 결과 보고하기

우리 학교는 회의록을 컴퓨터로 작성합니다. 회장이 진행하고, 부회장은 회의록에 바로 기록합니다. 큰 텔레비전에 회의록을 띄워두고서 씁니다. 회의를 마치면 회의 결과를 바로 출력합니다. 학급임원들도 모두 1장씩 가져가서 교실에 게시합니다. 그것과 별도로 5장을 더 뽑습니다. 회장단이 2장을 가져가 교장, 교감 선생님께 드리며 이야기 나눕니다. 다른 3장은 홍보부장에게 전달해 어린이자치회실에 1장, 전교어린이자치회 게시판 2곳에 1장을 붙입니다. 회의 결과는 다모임에서 어린이자치회 학생들에게 알립니다.

전교회장과 부회장은 회의 결과를 가지고 교장 선생님을 찾아뵙니다. 인쇄한 회의록을 드립니다. 회의록을 보고 이야기를 나눕니다. 교장 선생님께서는 건의사항을 꼼꼼하게 보고 가능한 것은 들어줍니다. 학교에서 할 수 없는 것은 그 까닭을 알려줍니다. 우리 교장 선생님께서는 전교어린이자치회 회의 결과로 나온 건의사항 내용을 선생님들께 메시지로 알릴 때가 많습니다. 전달받은 선생님들은 그 내용을 학생들에게 안내합니다. 회의 결과를 모두 받아들이는 것은 아니지만, 학생들의 의견을 관리자와 선생님들이 소중하게 여긴다는 생각을 갖습니다.

▶ 전교어린이회의 실제 사례 ◀

1. 개회 선언

"지금부터 제*회 군포양정초 전교어린이자치회 회의를 시작합니다."
전교어린이회장이 개회를 선언합니다. 부회장은 기록을 합니다.

2. 학급회의 결과 이야기

	4학년			5학년			6학년	
1	○	화가 날 때 참기	1	○	화분 잘 가꾸기	1	×	
2	×		2	×		2	×	
3	×		3	○	급식 약속 정하기	3	×	
4	×		4	×		4	○	위험한 장난 않기
5	×		5	×		5	×	
6	×		6	○	공부 시간 집중하자	6	○	음식 만들기 하자
7	×		7	○	폭력을 쓰지 말자	7	×	
			8	×				

학급에서 회장이나 부회장이 전교어린이회의에 참가합니다. 회장이 참가하는 것이 원칙이나 (안타깝게도) 바쁜 아이들이라 회장이 오지 못하면 부회장이 대신 오도록 합니다. 먼저 반별로 돌아가며 학급에서 실시한 학급회의 결과를 발표합니다. 결과에서 보듯 학급회의가 잘 되지 않음을 알 수 있습니다. 학기 초에 학급회의 방법을 안내했지만, 그게 쉽지 않습니다. 창체 시간에 낼 수 있는 시간이 한정되어 있으니, 2주에 1번 아침활동 시간에 10분이라도 내어, '학생들이 바라는 것'이나마 듣는 시간을 가지면 좋겠습니다.

3. 생활계획

1) 세우기

– 복도에서 뛰지 말자.

학생들 의견을 받아서, 생활계획만 정합니다. 이렇게 정한 내용은 A4 종이에 꾸며 게시판에 붙입니다. 동영상으로도 만듭니다.

2) 반성

– 잘 안 되었다.

어떻게 하면 좋을까?

일반 학생	전교어린이회
'안전 지킴이' 말을 잘 듣자.	우리(학급, 전교임원)가 먼저 실천한다.

학생들이 정하고 학생들이 지킬 생활계획입니다. 달에 2번 모임 중 첫 번째 모임에는 지난달에 정한 생활계획이 잘 지켜지고 있는지 살피며, 더 잘하기 위한 노력을 이야기 나눕니다. 두 번째 모임에서는 다음 달의 생활계획을 세웁니다.

4. 5월에 우리가 하고픈 행사
 - 장기자랑을 하자.
 - 동아리를 만들자.
 - 바자회를 열자.
 - 퀴즈 대회를 하자. (선정)
 - 퀴즈 대회 준비위원회: 준비위원장, 학년장, 홍보부, 희망하는 임원

달마다 전교어린이회 자체 행사를 하나씩 엽니다. 무엇을 할지 미리 정해두지 않습니다. 달마다 행사를 하나 해내고, 또 다른 주제로 행사를 엽니다. 행사 주제가 정해지면, 전교어린이회 회장이 준비위원장을 맡고 학년장과 홍보부, 그리고 학년에서 1명씩 더 꾸려 준비위원회를 세웁니다. 준비위원회는 행사 준비에서 진행까지 모두 도맡아 합니다.

5. 건의사항
 - 본관 3층 남자 화장실에 대걸레 짜는 게 고장 났다.
 - 본관 4층 남자, 여자 화장실에 대걸레 짜는 게 잘 안 된다.
 - 놀이 기구를 빨리 바꿔달라.

- 칠판에 빨간색이 안 지워진다.

학급에서 학생들이 건의한 내용입니다. 학교와 관련한 건의 내용으로 학생들의 의견을 소중하게 받습니다. 이후에 건의사항이 어떻게 조치되었는지 학생들에게 꼭 알려줍니다.
=> 회의 결과로, 교장 선생님과 면담 시간을 갖습니다.
=> 회의 결과와 교장 선생님 면담 결과를 방송이나 게시판으로 학생들에게 알립니다.

게시판

다모임

다모임이란?

 '다모임'이라는 말이 낯설지는 않습니다. 다모임은 말 그대로 구성원 모두가 모이는 자리입니다. 많은 학교에서 다모임을 하고 있습니다. 다모임이라는 이름은 같지만, 하는 모습은 조금씩 다릅니다. 학급회의를 다모임이라 하기도 합니다. 학급 다모임은 학급회의와 다르지 않습니다.

 같은 학년 학생들이 함께 모여서 이야기 나누는 것을 학년 다모임이라고도 합니다. 2개 학급 이상일 때, 학생들이 모두 모여 학년과 관련된 이야기를 전달하거나 이야기를 나눌 수도 있습니다. 학생이나 교사가 제안한 안건을 상정하여 이야기 나눌 수도 있지만, 일반 학교에서 이렇게 좋은 모습을 찾기는 아직 어렵습니다. 우리 학년에서는 다모임 형식

다모임

을 빌려 학기 초 학생지도를 하거나, 수학여행이나 체험학습에서 안내할 것을 전달하는 정도로 합니다. 전달만으로도 효과는 분명 있습니다.

학교 전체 학생이 함께 모이는 학교 다모임도 있습니다. 작은 학교에서 주로 하고 있습니다. 정해진 날마다 하는 학교도 있고, 안건이 있을 때마다 하는 학교도 있습니다. 전교생이 함께 모여 이야기 나누는 건, 그 자체로 소중한 가치가 있습니다.

준비와 진행

다모임을 하기 위해 처음 궁리할 때는 전교생이 함께 모이는 자리를 생각했습니다. 하지만 우리 학교는 도시의 큰 학교입니다. 강당이 있는 것도 아니고, 무엇보다 천 명이 넘는 전교생이 모두 모이는 것은 현실적으로 힘듭니다. 우리 학교에서는 4, 5, 6학년 학급임원이 모두 모이는 형식으로 진행합니다. 전교임원(3명)과 학급임원(약 20개 학급) 3명이 모두 모이면 60명 정도입니다. 학교에서 가장 넓은 곳인 회의실(교실 2칸 넓이)에 모이기에는 이 학생 수도 적지 않습니다.

지금까지 전교어린이자치회의에 학급 부회장은 참여하지 않았습니다. 그러니 부회장은 전교어린이자치에 별 관심이 없었습니다. 다모임에 부회장들도 함께 참여해 전교어린이자치회에 관심을 갖게 하는 것에 커다란 가치가 있습니다.

1. 시간

전교어린이자치회에서 무엇을 하건 가장 큰 걸림돌은 시간 내기입니다. 학교 일과를 벗어난 시간에 무엇을 하기는 힘들기 때문입니다. 처음에는 여유롭게 수업을 마치고 모였는데, 전혀 여유롭지 않았습니다. 학생들은 방과 후에 각자의 일정으로 마음이 바쁩니다. 그래서 일과 시간 중에 모일 수 있는 점심시간이 가장 적합합니다. 12시 20분에 점심시간이 시작되니, 12시 50분에 함께 모입니다. 13시 20분에 5교시 시작이니, 늦어도 13시 15분에는 마치고 교실로 돌아갑니다. 학교 여건으로 이 시간을 맞추기가 힘들다면 아침에 조금 일찍 모이는 방법도 괜찮습니다.

2. 준비

다모임은 달에 2번 수요일 점심시간에 합니다. 격주로 하는데 다모임을 되도록 고정하지만, 학교 여건상 바꾸기도 합니다. 다모임 하는 날, 아침에 방송과 메시지로 다모임을 알립니다. 대상(학급 회장과 부회장)과 하는 시각(12시 50분), 그리고 장소(회의실 혹은 시청각실)와 준비물(필기도구)을 알립니다. 점심도 일찍 먹을 수 있도록 담임선생님들께 양해를 구합니다.

학생들이 다모임을 오면, 모아둔 접이식 의자를 하나씩 가져다가 둥글게 앉습니다. 자기 의자를 가져다가 앉는데, 운영위원회 학생들이 조금 더 일찍 와서는 학생들이 앉을 수 있도록 둥글게 의자를 펼쳐두기도 합니다. 자리에 앉을 때는 학년과 반 차례로 앉습니다. 처음에는 원하는 자리에 마음껏 앉았는데, 원활한 진행(참가자 확인, 빠른 자리 앉기)을 위해서는 자기 반 자리가 어느 정도 정해져 있는 게 나았습니다. 다모임을 처음 하는 날, 회장단을 기준으로 오른쪽으로 6학년 1반부터 차례로 앉게 했습니다.

방송 장비를 확인합니다. 방송을 켜고, 마이크를 설치합니다. 방송반이 있으면 그 학생에게 책임을 맡깁니다. 그렇지 않을 때는 운영위원회 학생 중에서 1명이 담당하게 합니다. 방송 장비는 조심해서 다뤄야 하기에 여러 명이 만지기보다는 1명을 정하는 게 좋습니다.

3. 하는 일

다모임에서 하는 게 많지는 않습니다. 시간이 짧은 탓도 있지만, 사실 모여서 반드시 해야 할 것도 딱히 없는 게 사실입니다. 그러면서도 모일 때마다 하는 건 있습니다. 특별하지 않지만, 꼭 필요한 것이기도 합니다.

모두 자리에 앉고 준비가 되면 다모임을 시작합니다. 다모임 진행은 담당교사인 제가 합니다. 학생이 해야겠지만, 다모임은 짧은 시간 안에 마쳐야 하니 부득이하게 제가 했습니다. 다모임에서는 전교어린이회의 알림 사항 전달과 필요한 것 정하기 두 가지를 합니다.

전교어린이회의 알림 사항 전달을 위해 시작과 함께 회장이 마이크를 잡습니다. 간단한 인사와 함께 전교어린이자치회 진행사항을 알립니다. 이번 달의 생활계획, 행사를 알립니다. 행사의 진행사항을 알리고, 참여로 도울 것을 부탁하기도 합니다. 전교어린이회의에서 나온 건의사항과 그 결과도 알립니다.

다모임 진행

전교어린이자치회 운영을 위해 필요한 것을 정합니다. 행사를 알리고, 함께할 준비위원회를 조금 더 모집합니다. 준비위원회는 운영위 회의에 참가해 행사 준비를 총괄합니다. 준비위원회가 아니더라도, 전교어린이자치회 행사 날에는 누구나 진행에 도움을 줄 수 있습니다. 또한 모일 때마다 학생들에게 궁금한 의견을 모읍니다. 그래서 필기도구를 준비해서 모입니다. 자치회에 바라는 점, 학교에 바라는 점, 하고 싶은 행사 같은 의견이 모일 때마다 포스트잇에 받아서 자치회 활동에 반영합니다. 그러기 위해 담당교사인 저는 자치회 예산으로 포스트잇을 풍부하게 구입해둡니다.

놀이 중인 다모임

놀이

다모임이 소중한 점심시간을 활용하기에 조금 더 즐거웠으면 하는 바람으로 놀이를 합니다. 간단한 놀이로 몇 명 뽑아 자그마한 선물도 합니다. 하는 놀이는 간단한 것으로, 주로 가위바위보를 합니다.

가위바위보

1. 전체 가위바위보

   진행자에게 이긴 사람만 남는다. 끝까지 남은 몇 명에게 선물을 준다.

2. 1:1 가위바위보

   옆 사람과 가위바위보를 한다. 이긴 사람끼리 해서 학년에 1명을 남긴다.

3. 학급 대표 가위바위보

   학급 1등끼리 대결해 학년 대표를 뽑고, 4, 5, 6학년 대표끼리 가위바위보해서 1등을 뽑는다. 그 반은 셋 모두 선물을 받는다.

가위바위보에는 시간이 얼마 걸리지 않습니다. 선물은 자치회 행사 때 주고 남은 것입니다. 그게 아니라면 다모임에서 쓰기 위해 따로 준비하기도 합니다.

다모임이 어떤 형태이든, 학급자치와 학교자치를 제대로 세우는 데는 필요합니다.

다모임의 필요성

1. 진정한 학교자치로 가기 위한 노력이다.
2. 조금 더 많은 학생의 생각을 모을 수 있다.
3. 참여의 기회를 늘린다.

운영위원회

운영위원회란?

　전교어린이회의와 다모임으로 전교어린이자치회가 조금씩 자리매김합니다. 그럼에도 아쉬움이 있습니다. 그것만으로는 학생들이 자치회를 스스로 이끌어갈 힘을 갖지 못한다는 점입니다. 회장단이 있지만 그들만으로는 전교어린이회를 주도해서 이끄는 데 한계가 있습니다. 학원이나 방과 후 활동으로 바쁜 학생들이라 따로 만나기도 어렵습니다.

　'전교어린이자치회를 주도할 힘을 가진 모임', '방과 후가 아니어도 쉽게 만날 수 있는 시간'이라는 두 가지 고민을 하다가 만든 게 운영위원회입니다. 운영위원회가 생기고서 학생자치회 활동은 스스로 이끌어갈 힘이 생겼습니다. 자기들끼리 모여서 주도하는 힘이 생겼습니다.

구성

1. 전교어린이회 회장단

　전교어린이회 회장, 부회장은 운영위원회 당연직입니다. 운영위원장과 운영부위원장이기도 합니다. 처음 운영위원회를 만들 때 회장, 부회장에게 당연직으로 운영위원회를 해야 한다는 말을 하니 개인 시간을 운영위원회 활동에 쏟아야 한다는 부담도 있다 합니다. 그런데 운영위원회 활동에 참여하면서 그 생각에 많은 변화가 생깁니다. 이들은 운영위원회를 할 때 회의와 진행을 주관합니다.

2. 학년장

　학년장을 학년에 1명씩 뽑습니다. 학년장은 전교어린이회의나 다모임에서 뽑습니다. 학년장으로 학급 회장 중에서 정하는데, 회장 중에

운영위원회

희망자가 없다면, 부회장 중에서 선출할 수도 있습니다. 우리 학교는 주로 다모임에서 뽑는데, 전교어린이회의에서 뽑아도 좋습니다. 희망하는 학생으로 다짐을 듣고 그 자리에서 다수결로 정합니다. 학년장은 운영위원회 구성원으로 운영위원회 활동에 참여합니다.

3. 홍보부

어릴 때 전교어린이자치회를 떠올리면, 여러 부서가 있었습니다. 그런데 이런 부서가 그냥 이름만 있을 뿐 제대로 돌아가지 않았던 기억이 있습니다. 부서가 필요 없는 게 아니라, 하는 몫이 없었습니다. 그래서 우리 학교에서는 필요한 부서만 두고 있습니다. 우리 학교에 필요한 부서는 홍보부였습니다. 더 필요하다면 얼마든지 만들 수 있습니다. 홍보부장과 홍보부원도 다모임에서 희망자로 정합니다. 홍보부장 아래 홍보부원을 여럿 둡니다. 학년에 한둘로 보통 부장 포함 5~6명 정도입니다. 홍보부장과 홍보부원도 운영위원회에 참여하는데, 주로 운영위원회에서 결정하는 내용을 알림종이나 동영상으로 만들어 알리는 일을 합니다.

하는 일

전교어린이회가 자생력을 기르길 바라는 마음에서 운영위원회를 시작했습니다. 주마다 화, 목요일이면 점심시간에 자치회실에 모입니다.

알림종이를 만드는
운영위원회

운영위원장인 전교회장의 진행으로 필요한 이야기를 나누고 일하기도 합니다. 이번 달에 해야 할 행사를 어떻게 할지 궁리합니다. 이때는 운영위원회가 행사 준비위원회로 되어 진행합니다. 달마다 학생들이 함께 행동하길 바라는 생활계획을 어떻게 알릴지도 궁리하고 알림종이를 만듭니다.

무엇보다 하고픈 것을 마음껏 상상합니다. 그러며 운영위원회에서 자체 주관하는 반짝 행사를 만듭니다. 반짝 행사를 기획하면 실행할 수 있도록 돕는 게 제 몫입니다. 무엇보다 운영위원회는 자주 모이니, 잘 어울리며 즐겁게 놉니다. 그냥 공간만 차지하는 자치회실이 아니라 아이들 목소리로 살아 있는 공간이 됩니다. 어울려 놀며 자기들끼리 관계가 쌓여 무엇을 하든 힘이 생깁니다.

대토론회

대토론회란?

대토론회는 교사, 학부모, 학생이 함께 학교 교육을 위해 이야기 나누는 자리입니다. 대토론회를 진행하는 방법은 학교마다 다를 수 있습니다. 어떤 방법이든 마음껏 이야기하며 학교가 조금 더 나아지길 기대합니다. 대토론회 기획은 교무부장님이 하시고, 진행은 제가 합니다.

우리 학교는 대토론회를 학기마다 한 번씩 합니다. 학부모, 교사, 학생이 10명 정도씩 30명 남짓입니다. 학부모는 신청을 받아 희망자는 누구나 참여가 가능하지만, 희망자는 많지 않습니다. 그러니 학부모 관련 단체 임원들이 주로 참여합니다. 선생님은 학년이나 부서에서 부장교사와 평교사가 적절하게 나눠 참여합니다. 학생은 운영위원회(회장단, 학년장, 홍보부)가 참여합니다.

대토론회

진행

1. 사전 준비

각 단체별로 사전 준비가 필요합니다. 대토론회에서 발표할 내용을 사전에 정해둬야 합니다. 학교에서는 직원회의나 설문지로 교사들의 의견을 모읍니다. 학부모들도 의견은 교무부장님 주관으로 1차는 설문지로 받습니다. 1차 설문지는 학교 안내장으로 나갑니다. 나온 의견을 바탕으로 대토론회에 참여하는 학부모들이 모여서 의견을 종합합니다. 학생들의 의견 또한 하나로 모읍니다.

발표 내용 정리 시간은 언제가 좋을까요? 대토론회 이전에 준비 과정은 필요하지만, 발표를 위한 최종 정리는 대토론회 날에 합니다. 한 시간 정도면 충분합니다. 이 시간을 아끼기 위해 사전에 각 단체별로 발표할 내용을 준비하도록 합니다. 우리 학교에서는 교사, 학생은 사전에 받아 준비해두고, 학부모는 대토론회 하는 날 만나서 정리합니다. 학부모만 대토론회 시작 시간보다 일찍 만나 준비합니다.

저는 어린이자치회 담당교사로 학생들 의견을 모아야 합니다. 전교생 생각을 모으면 더없이 좋겠지만, 그게 쉽지 않으니 다모임에서 학생들 의견을 모으기로 했습니다. 방법은 '포스트잇을 활용한 브레인라이팅'을 활용합니다. 쉽게 풀어 말하면, '포스트잇으로 많은 의견 쉽게 모으기'입니다. 이 방법을 활용하면 많은 학생들의 의견을 쉽게 모을 수 있습니다.

다모임에서 학생들 의견을 모읍니다. 다모임에 참여한 학생들에게 포스트잇을 4가지 빛깔로 나눠 줍니다. 빛깔마다 다른 내용을 쓰게 합니다.

학생들은 나눠준 포스트잇에 의견을 씁니다. 쓴 것을 앞에 나와서 빛깔별로 벽에 붙입니다. 물론 쓰기 전에 정성껏, 정말 솔직하게, 우리 학교를 위해 마음을 담아달라고 부탁합니다. 벽에 포스트잇을 붙인 학생들은 교실로 돌아갑니다. 60명이 넘지만 의견을 다 모으는 데는 10분이 걸리지 않습니다. 빛깔로 모인 의견을 정리해야 합니다.

"전교회장은 파랑색, 6학년 전교부회장은 노랑색, 5학년 전교부회장은 빨강색, 6학년장은 초록색을 챙겨서 가져가세요. 그리고 그걸 분류해서 많이 나온 것을 5개씩 뽑으세요.(선정 갯수는 상황에 따라 결정) 그

포스트잇으로 의견 모으기

파랑: 올해 우리 학교에서 좋았던 것

노랑: 올해 우리 학교에서 개선해야(다듬어야) 할 것

빨강: 올해 우리 학교에서 없어져야 할 것

초록: 내년에 우리 학교에서 새롭게 하고 싶은 것

리고 다음 운영위원회 회의 때 전지에 그것을 담아서 발표 준비하세요. 우선 1장의 전지에 잘 담아서 발표 먼저 하고, 대토론회를 마친 뒤 1장 더 만들어서 어린이자치회 게시판에 붙이도록 하세요."

2. 진행 방법

1) 단체별로 발표하기

교장 선생님 인사말이나 참가자 소개를 간단하게 합니다. 소개하는 시간은 진행에 따라 넣을 수도 있고, 뺄 수도 있습니다. 학부모, 학생, 교사가 모은 의견을 대표가 앞에 나와 발표합니다. 각 단체는 의견을 전지에 써서 준비합니다. 발표를 마치면 전지는 모두가 볼 수 있는 곳에 붙여둬, 행사 진행과정에 필요할 때 참고할 수 있도록 합니다. 발표를 마칠 때마다 질문과 대답 시간을 갖습니다. 학생은 앞 설명대로 준비했고, 교사는 교사 의견을 학교에서 받아 사전에 준비했으며, 학부모는 대토론회 당일 1시간 먼저 모여 준비했습니다.

학생 의견 모으기

단체별 발표

2) 이야기 나눌 주제 정하기

대토론회는 큰 주제가 있습니다. 보통 '행복한 학교'에 가치에 두고서 큰 주제를 미리 정합니다. 그런데 실제 이야기를 나누려면 더 작은 주제로 의제를 정해야 합니다. 주로 단체별로 발표한 내용에서 정할 수 있습니다.

- 단체별로 발표한 전지에 스티커로 투표합니다.
  (학부모, 교사, 학생 의견에 하나씩 투표)
- 스티커가 많이 붙은 주제만 고릅니다.
  (우리 학교: 1인 1탐구, 기네스 대회, 학부모 대표, 운동회)
- 위의 주제만 따로 써두고 다시 한번 투표합니다.

3) 이야기 나누기

선정한 의제로 이야기 나눌 시간입니다. 대토론회의 꽃이며, 가장 중요한 시간입니다. 이야기 나누기(토론회)는 두 가지 형식을 많이 씁니다. 자유토론과 월드카페입니다. 자유토론은 의제를 알려주면, 참가자가 누구나 자기의견을 자유롭게 말할 수 있습니다. 이때는 제한시간을 두는 것이 좋습니다. 자유토론을 할 때는 참가자들이 골고루 말하면서도 의견이 자유롭게 나오도록 잘 이끌어야 합니다. 진행자의 역할이 중요합니다. 그럼에도 자유토론은 특정한 사람이 의견을 주도하거나, 말하기를 꺼리는 참가자도 있습니다. 이런 것을 없애는 방법으로 월드카페를 많이 쓰고 있습니다.

주의할 점은, 이렇게 소중한 시간이 얻는 것 없이 끝나지 않아야 합니다. 의제에 대한 여러 생각을 취합해 조금 더 나은 방법으로 나아진 결정을 낼 수 있어야 합니다. 그러기 위해서는 관리자가 함께 참여하며 실천 여부를 밝혀주는 것이 좋습니다. 그럴 때 참가자들은 더 큰 보람을 느낍니다.

▶ 월드카페 진행하기 ◀

모둠으로 앉는다. 학생, 학부모, 교사가 6명 안팎으로 앉는다.
1. 모둠 정하고 첫 번째 이야기 나누기
   1) 같은 모둠에 함께하는 모둠원끼리 자기소개를 한다.

(예시: 작년 오늘 나는, 내가 좋아하는 것, 요즘 나는 따위)

　2) 소개를 바탕으로 추천이나 투표로 모둠장을 정한다.

　3) 준비물로 전지와 매직, 포스트잇을 나눈다.

　4) 전지에 우리 모둠에서 이야기 나눌 주제를 쓴다.

　5) 해당 주제에 자기 생각을 글과 그림으로 전지에 나타낸다.

　6) 쓴 내용을 발표한다. 모두가 발표한다.

　7) 모둠장을 제외한 모두가 일어나 다른 모둠에 가서 앉는다.

2. 두 번째 이야기 나누기

　1) 모둠장은 모인 사람들에게 지금까지 나온 이야기를 소개한다.

　2) 위의 5), 6)을 이어간다. 새로운 내용을 쓰거나, 다른 사람이 쓴 것에 보탠다.

　3) 모둠장을 제외한 모두가 일어나 다른 주제로 찾아서 앉는다.

3. 세 번째 이야기, 네 번째 이야기 나누기로 이어갈 수 있다.

4. 의견 모아서 발표하기

　1) 모두 마치면 처음 자리로 돌아간다.

　2) 모둠장은 지금까지 나온 이야기를 소개한다.

　3) 나온 여러 의견에서 발표할 내용을 선정한다.

　4) 발표할 내용을 포스트잇에 쓴다.(포스트잇 한 장에는 하나의 의견만 쓴다.)

　5) 전지를 벽에 붙이고, 모둠이 돌아가며 발표한다.

월드카페

결과 발표

4) 마치기

정한 주제로 대토론회로 충분하게 이야기를 나눕니다. 시간이 조금이라도 있다면, 그 자리에서 오늘 있었던 소감을 말하거나 마음을 다지며 마칩니다. 예를 들어, '행복한 학교를 위해 하고픈 한 문장 말하기'나 '오늘 대토론회를 마치며' 같은 주제로 한마디씩 돌아가며 합니다. 이때 비유카드 같은 것을 준비하는 것도 좋습니다. '행복한 학교'에 어울리는 카드를 1장씩 고르게 한 뒤, 그 카드로 한 문장씩 말하게 하면 훨씬 더 말이 정교해지는 것을 알 수 있습니다.

마지막 발표는 처음부터 끝까지 함께한 교장 선생님 말씀을 듣습니다. 교장 선생님께서는 대토론회에서 나온 의견을 그 자리에서 수용하기도 하고, 고민하겠다는 의견과 함께 전체 소감을 말씀하십니다. 사회자의 고맙다는 인사와 함께 대토론회를 마칩니다.

대토론회로 바뀐 예

1. 상품권 선물

우리 학교 어느 행사에서 선물로 상품권을 줬습니다. 그런데 토론회에서 학생들이 '상품권은 돈과 같으니, 선물로 적당하지 않다'는 의견을 제시했습니다. 한번도 생각해보지 못한 것이면서도, 그 말에 별다른 반박이 없었습니다. 그래서 다음부터는 상품권을 선물에서 뺐습니다.

2. 진정한 9시 등교

경기도는 9시 등교를 합니다. 9시 등교가 제대로 정착되지 않았을 때, 학교 조회 방송이 8시 50분에 나왔습니다. 그러니 선생님들이 아이들에게 8시 50분까지 오라고 합니다. 토론회에서 이것이 의견으로 나옵니다. 9시 등교이면, 학교 행사는 9시 이후에 시작해야 맞다는 의견입니다. 그래서 이 의견을 받아 그 뒤로는 9시에 방송이 시작됩니다.

3. 중앙 계단 사용

많은 학교에서 학생들이 중앙 계단을 못 쓰게 합니다. 우리 학교도 누가 특별히 정하지 않았는데도, 학생들은 계속 못 쓰는 것으로 알고 지내왔습니다. 대토론회에서 중앙 계단을 모두가 쓸 수 있도록 하자는 의견이 나왔습니다. 이것 또한 특별한 반론이 없어 그렇게 하기로 했습니다.

▶ 대토론회 진행 시나리오 ◀

1. 자기소개와 구성원 소개

＊＊초 식구 여러분, 안녕하십니까? 저는 오늘 사회를 맡은 ＊＊초등학교 교사 ＊＊＊입니다. 지금부터 ＊＊초등학교 학교공동체 대토론회를 시작하겠습니다. 오늘 대토론회는 우리 학교 교육과정에 따라 실시함을 밝혀드립니다.

먼저, 학교 대토론회에 참여해주신 구성원을 소개하겠습니다. 소개받은 구성원들은 자리에서 일어나 인사해주시고, 다른 구성원들은 힘찬 박수를 부탁드립니다. 먼저, ＊＊초등학교 학생어린이회로 1, 2학기 전교어린이회 임원 6명과 4, 5, 6학년 각 대표로 참가한 3명입니다. 다음으로, ＊＊초등학교 학교운영위원회, 학부모회, 녹색어머니회, 명예사서회, 어머니폴리스, 그 외 참가를 원하신 분들로 구성한 학부모 대표입니다. 아울러, 각 학년의 부장님 2분을 중심으로 한 12분의 교사 대표입니다. 마지막으로, ＊＊초등학교 교장 선생님, 교감 선생님이십니다.

2. 주제 발표

이번 대토론회 주제는 '행복한 학교 문화 만들기'입니다.

＊＊초등학교가 행복한 학생, 행복한 학부모, 행복한 교사로 가득하길 바라면서, 주제를 '행복한 학교 문화'로 잡았습니다. 교육공동체 구성원 모두가 행복한 학교 문화를 위해 의견을 나누며 소통하는 시간이 되길 바랍니다. 본 토론회에서 주고받은 내용은 다음 학년도에 적극 반

영하여 조금 더 행복한 **초등학교가 되는 데 바탕이 될 것입니다. 그럼 토론회를 시작하려 합니다.

3. 토론회 안내

오늘 대토론회는 1부와 2부로 나눠서 진행합니다. 1부는 구성원별 토의토론 시간입니다. 2부는 구성원별 토의토론 내용 발표와 전체 토론회입니다. 1부에서 구성원별로 나눈 토의토론 내용을 정리하셔서 발표해주시기 바랍니다.

4. 토론회 진행

그럼 1부, 구성원별 토의토론 시간을 갖도록 하겠습니다. 시간은 ○○분입니다.

(1부는 사전 준비 가능, 사전에 마쳤다면 대토론회 때는 아래 2부만 진행)

2부는 구성원별 토의토론 내용 발표와 전체 토론회입니다.

먼저, 2부에 구성원별 토의토론 내용을 발표합니다. 구성원별 대표에게 주어진 시간은 8분입니다. 발표 시간이 8분을 넘지 않도록 부탁드립니다. 8분이 지나면 진행을 위해 사회자가 발표를 중지시키겠으니 양해바랍니다. 구성원별 발표를 마치면, 바로 이어서 질의응답 시간을 갖습니다. 많은 참여 부탁드립니다.

발표 차례는 교사-학부모-학생 순으로 진행하겠습니다.

(발표와 질의응답)

지금까지 여러분은 3개 구성원별로 토의토론한 내용을 3분의 패널로부터 들었습니다. 다시 한번 이 3분께 큰 손뼉 부탁드립니다.

5. 전체 대토론회

이어서 전체 대토론회를 시작하겠습니다. 전체 대토론회는 위 구성원별 발표 내용에서 의제를 선정해 이야기를 나누겠습니다. 원활한 토론을 위해 자리를 원형(모둠)으로 돌리도록 하겠습니다.

(의제 선정과 이야기 나누기 설명은 위에 있습니다.)

6. 마치기

마지막은 '행복한 학교는 무엇이다'를 전 구성원이 돌아가며 발표하겠습니다.

전체 대토론회 진행 중

7. 닫는 마당

지금까지 **초등학교 학교공동체 대토론회였습니다. 오늘 대토론회로 **초등학교 학생, 학부모, 교사가 조금이라도 더 행복하길 바랍니다. 오늘 대토론회를 차분하면서도 활기차게 진행하려고 했으나, 미흡한 부분도 있었을 것 같습니다. 너그러운 마음으로 봐주시면 고맙겠습니다. 지금까지 오늘 진행을 맡았던 ***이었습니다. 고맙습니다.

3장

행사를 위한 준비

학생 중심의 준비

아이들이 결정하는 행사

우리 학교 어린이자치회 주관 행사는 두 종류입니다. 달마다 하는 행사와 수시로 여는 행사입니다. 행사를 무엇으로 할 것인지 주제를 정할 때는 학생들의 의견으로 정하는 게 원칙입니다. 학기 초에 다모임에서 어떤 행사를 하고 싶은지 설문을 받습니다. 이렇게 나온 여러 의견에서 할 행사는 전교어린이자치회 회의에서 결정합니다. 5월 행사를 예로 들면, 4월 행사를 마친 다음 주 회의에서 5월 행사로 무엇을 할지 결정합니다. 전교어린이자치회에서는 행사로 무엇을 할지 학생들 의견을 모으기도 합니다. 다모임이나 학급회의에서 의견을 받기도 하고, 자치회 게시판에 설문도 합니다.

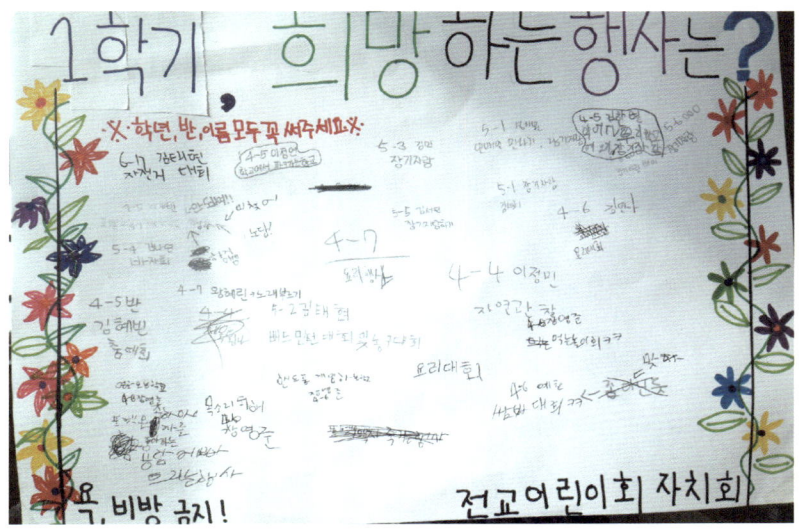

희망행사

준비에서 정리까지 스스로

 행사로 무엇을 할 것인지 정해지면, 자치회 학생들은 행사 준비로 바쁩니다. 가장 먼저 행사를 이끌 준비위원회를 꾸립니다. 준비위원회에서는 행사를 어떻게 열 것인지 자세한 계획을 세웁니다. 이렇게 세운 행사 계획을 홍보부에서 행사 알림종이로 만들어 일반 학생들에게 안내합니다. 준비위원회는 주에 두 번씩 만나며 행사에 필요한 준비에 정성을 쏟습니다.

 행사하는 날, 진행 또한 어린이자치회의 몫입니다. 행사는 주로 점심시간이나 방과 후에 합니다. 점심시간에 하는 행사일 때는, 그 전날에 행사하는 장소를 미리 확인합니다. 담임선생님들께 양해를 구하고 점심을 빨리 먹은 뒤, 행사장에서 행사를 진행합니다. 방과 후에 하는 경우에는 준비위원회에서 점심시간에 행사하는 곳을 확인합니다. 5교시 마치고 행사를 바로 시작하니, 준비위원회는 5교시 수업을 조금 일찍 마치고 나와 행사를 준비합니다. 사전에 담임선생님들이 양해해줘야 가능합니다.

행사할 때 준비위원회는 자치회 조끼를 입습니다. 조끼를 입으면, 자치회 일꾼이 확연하게 구분됩니다. 일반 학생들은 행사 진행과 관련해 궁금한 점을 조끼 입은 학생들에게 묻습니다. 어린이자치회를 맡으며 가장 먼저 준비한 게 자치회용 조끼였습니다. 그 뒤 조끼를 여러 빛깔로 더 준비했습니다. 행사를 할 때 모둠으로 구분할 필요도 있고, 학년으로 구분할 필요도 있습니다. 조끼를 입는 것만으로도 몇몇 학생에

준비위원회

행사 정리

게는 자부심이 생기기도 한 것 같습니다.

행사를 마치면, 준비위원회 학생들은 뒷정리까지 책임집니다. 행사에 참여한 학생들이 모두 돌아가면, 준비위원회에서는 행사장을 정리하기 시작합니다. 사용한 물건은 원래 자리에 둡니다. 행사장에 떨어진 쓰레기를 줍고, 빗자루로 쓸기까지 합니다. 입었던 조끼를 벗어 곱게 개어 자치회실에 가져다둡니다. 깔끔하게 정리를 마친 준비위원회는 함께 사진을 찍으며 추억을 남깁니다.

담당교사의 역할

처음에는 시범 보이며 이끌기

어린이자치회 담당교사를 하고서 무엇을 할 수 있을지 그림이 잘 안 그려집니다. 이전까지 전교어린이회의만 하던 학생들도 마찬가지입니다. 모든 것을 하나씩 곱씹으며 필요 없는 것은 없애고, 고칠 것은 다듬으며, 없는 것은 새롭게 시작해봅니다. 전교회장 임원 선거는 토론회를 넣어서 하고, 전교어린이회의도 필요한 것만 합니다. 없던 다모임과 행사 준비위원회, 운영위원회도 만들었습니다. 이 모든 것을 처음부터 한꺼번에 시작한 것은 아닙니다. 자치회를 운영하며 조금씩 만들어 지금의 모습이 되었습니다.

자치회의 꽃은 행사입니다. 그런데 담당교사인 제가 행사를 진행해 본 경험이 없습니다. 처음 자치회를 맡았을 때는 학생들이 무슨 행사를

놀이마당에서 시범 보이는 선생님

할 수 있을지 머릿속에 그려지는 그림이 하나도 없습니다. 그러니 첫 행사는 준비에서 진행, 정리까지 담당교사가 다 챙겨야 했습니다. 첫 행사는 제가 하자는 대로 치뤘습니다. 제가 주도한 행사는 두 번이면 되었습니다. 그 뒤부터는 자치회에서 주제를 정하고 진행합니다. 학생들이 행사를 결정할 때, 담당교사인 저도 함께 참여합니다. 자치회에서 하겠다는 행사는 되도록 막지 않습니다. 제 머릿속에 없는 그림도 학생들이 하고 싶다면 해보라 합니다. 제가 쉽게 판단하지 않으려 합니다. 물론 예상되는 어려움이나 걱정은 말해줘 그런 일이 일어나지 않도록 미리 준비하도록 합니다.

학교의 협조 구하기

담당교사로서 어린이자치회가 스스로 행사를 진행할 수 있게 도움을 줘야 합니다. 행사를 하기 위한 날짜와 시각, 장소는 제가 고민합니다. 행사를 여는 날짜는 학기 초에 미리 정해서 학생자치회에 알려줍니다. 주로 셋째 주 수요일 방과 후에 엽니다. 이렇게 정한 날짜는 바꾸지 않으려 애씁니다. 저 또한 이날은 출장 같은 개인 일정도 조정합니다. 그런데 학교 행사가 있을 때는 자치회에서 날짜를 미뤄 행사를 열기도 합니다. 어디서 할 것인지는 정해둘 수 없습니다. 행사에 따라 주로 하는 회의실(시청각실)이 될 수도 있고, 운동장이나 자치회실이 될 수도 있습니다. 어디서 하건 그곳에서 행사를 연다는 알림을 학교에 알리고, 쓸 수 있는지 확인도 해야 합니다.

자치회 주관 행사를 선생님들께 알려 많은 학생이 참여하도록 돕는 것도 제 몫입니다. 학생들이 방송이나 알림종이로 알리는 것과 함께 저도 다른 선생님들께 메시지를 보내거나 회의 때 알립니다. 행사하는 날은 어린이자치회 준비위원회 학생들의 담임선생님들께 양해를 구해, 학생들이 행사 준비와 진행에 어려움이 없도록 돕습니다. 행사가 열리는 곳에 가까운 교실의 선생님들은 소리가 커 불편할 수도 있습니다. 그럼에도 불편하다고 내색하지 않는 이 분들께도 고마운 마음을 표현하려 합니다.

자치회실

학생들과 함께하기

어린이자치회는 저에게 주어진 학교 업무입니다. 갈수록 학생자치가 강조되고 있어, 어린이자치회를 담당하는 선생님들이 힘들어하기도 합니다. 어린이자치회를 업무로만 생각하면 쉽게 지치고, 일할 의욕도 생기지 않습니다. 저부터 어린이자치회에서 하는 일을 즐기며 자치회에서 여는 행사에 학생들과 함께하려 합니다. 아울러 어린이자치회가 일반 학생들의 학교생활을 행복하게 하는 데 담당교사로서 필요한 역할을 하며 도움 줄 수 있다는 생각을 갖습니다. 이럴 때 어린이자치회라는 업무가 단순한 일이라는 부담에서 벗어나, 학생들과 행복한 학교를 만드는 일을 한다는 보람을 가질 수 있습니다.

학교의 지원

어린이자치회 학생들의 공간이 필요했습니다. 그래서 자치회실도 만들었습니다. 처음 자치회를 맡았을 때, 자치회실이 없어 우리 반 교실을 썼습니다. 전교어린이회의는 지금도 우리 반 교실에서 하고 있습니다. 그렇지만 행사 준비를 위해서는 학생자치회만의 공간이 필요했습니다. 빈 교실을 자치회실로 얻고, 자치회실에서 운영위원회가 꾸준하게 만납니다. 행사를 준비할 때는 운영위원회가 준비위원회로 탈바꿈해 자치회실에서 만납니다. 조금 더 즐겁게 만나도록 먹을거리(팝콘, 음료수)도 준비해둡니다. 자치회실에는 컴퓨터와 프린터가 있으며, 전화도 설치되어있습니다. 학생들이 알림종이를 만들 수 있도록 여러 종류의 종이와 필기도구도 두고 있습니다. 이런 것 또한 한두 해 동안 차근차근 채웁니다.

어린이자치회에서 주관하는 행사 때는 참가 학생들에게 선물을 주

자치회실 비품

고 있습니다. 그 선물은 비싸지 않습니다. 싼 가격이지만 학생들이 좋아할만한 물건을 준비해 선물을 줍니다. 1~2명을 정해서 주기보다는 참여한 모든 학생에게 줍니다. 그러려면 어린이자치회에서 쓸 수 있는 돈이 있어야 합니다. 우리 학교의 어린이자치회 예산은 경기도교육청이 정한 예산의무편성 액수인 100만 원에, 우리 학교의 필요에 따라 50만 원을 더 보태 150만 원 정도입니다. 이 돈으로 자치회실 운영과 행사 준비를 하고 선물도 사는데, 넉넉히 모자라지 않게 쓸 수 있습니다.

학생들에게 주는 선물

- 공기

- 실뜨기

- 물통

- 방석, 무릎 덮개

- 수첩, 메모지

- 폴라로이드 사진

- 학용품(연필, 볼펜, 지우개, 풀, 형광펜 따위)

형광펜 선물

4장

할 때마다 즐거운 정기 행사

놀이마당
- 놀며 여는 첫 행사 -

무엇을 할까?

'첫 어린이자치회 행사를 무엇으로 시작하지?'

달마다 하는 행사, 그 시작으로 무엇을 할지 생각합니다. 물론 이런 고민을 저만 하는 것은 아닙니다. 우리 자치회 학생들도 무엇으로 시작할지 고민합니다.

우리 학교 아이들 모습을 떠올려봅니다. 학교를 마치면 아이들은 바쁩니다. 집에 가서 바쁘게 가방을 바꾸고서는 학원으로 향합니다. 학교 방과 후를 하는 학생은 어떤 모습인가요? 방과 후 교실 앞에 철퍼덕 앉아서는 스마트폰 게임을 합니다. 너무나 흔한 요즘 아이들 모습입니다. 이걸 우리 자치회 힘으로 바꾸기는 힘듭니다.

아이들에게 놀이를 주려고 합니다. 놀이를 하기 위해서는 세 가지가

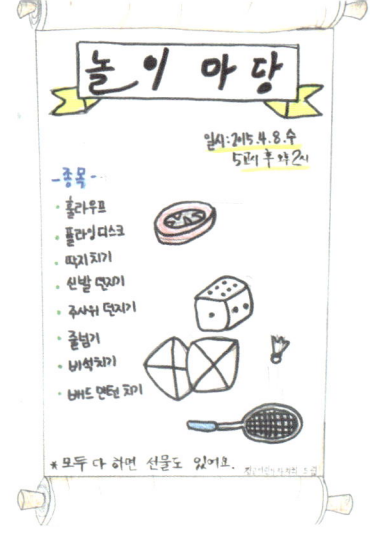

놀이마당   놀이마당 알림종이

기본으로 있어야 합니다. 함께 놀 친구가 있어야 합니다. 놀 시간이 있어야 합니다. 놀 곳도 있어야 합니다. 이 세 가지가 모두 다 있는 곳이 학교입니다. 학교에는 함께 놀 친구들이 있고, 놀 시간(방과 후)을 만들면 되며, 놀 곳(운동장)도 준비되어 있습니다.

그래서 처음 행사로 시작한 게 '놀이마당'입니다.

준비

자치회 행사 계획은 자치회 일꾼들이 함께 정합니다. 이 행사를 이끌 행사 준비위원회를 꾸립니다. 준비위원회에서는 하는 일이 꽤 많습니다. 먼저 놀이마당을 이끌 진행자를 정합니다. 한 마당에 마당장(6학년)과 함께 마당에서 놀이를 진행할 진행요원도 한둘씩 정합니다. 전교임원들은 전체 진행을 맡으니 마당장을 맡지 않습니다.

먼저, 행사하는 날을 정해야 합니다. 우리 학교는 행사하는 날을 첫 전교어린이회의에서 한 학기 단위로 미리 정해둡니다. 수요일이면 모든 학년이 5교시엔 수업이 끝나기 때문에 5교시를 마치고 행사하는 것을 원칙으로 하고 있습니다. 장소는 실내 활동이면 회의실(시청각실), 야외 활동이면 운동장에서 주로 합니다. 놀이마당은 야외 활동이라 운동장에서 합니다. 이때 운동장을 쓸 수 있는지 확인하는 일은 담당교사인 제가 합니다.

놀이마당을 하려면 놀이 종류를 정해야 합니다. 어떤 놀이를 할지는 놀이마당을 할 때마다 달라집니다. 그럼에도 처음 놀이마당을 할 때 하는 놀이는 중요한 것 같습니다. 처음에 정한 방향이 있으면, 다음번에 할 때는 그 방향에서 조금씩 수정해가기 때문입니다. 그래서 담당교사가 처음에 적절하게 방향을 잡아주는 과정이 필요한 것 같습니다. 우리 학교는 처음 놀이마당에서 8개 마당을 준비했으며, 민속놀이를 많이 넣었습니다. 1학년부터 6학년까지 누구나 참가해서 함께할 수 있도록 계획했습니다.

준비위원회에서는 놀이 종류를 정하거나 바꾸기도 합니다. 처음에는 경험이 없기에 담당교사가 함께 만드는 과정을 거치지만, 경험해본 다음 해부터는 준비위원회에서 놀이 종목을 선정하도록 이끌기도 하고, 스스로 하려는 모습도 보입니다.

모든 행사 계획이 세워지면, 홍보부가 나설 차례입니다. 홍보부는 기본 내용(행사 이름, 날짜, 장소, 참가 방법)을 알립니다. 종이로 알림종이를 만들어 교실과 자치회 게시판에 홍보하며, 교내 방송으로도 알립니다. 그래서 홍보부원들은 행사를 할 때마다 준비위원회에 자동으로 들어갑니다.

행사 준비는 하루 전부터 시작합니다. 하루 전날 준비위원회 학생들은 놀이마당에 필요한 준비물을 챙깁니다. 체육 물품이 많은 관계로 체육 선생님께 부탁드려 체육 창고에 있는 물품을 확인합니다. 다른 연구실이나 선생님들께 필요한 물품을 빌려야 할 때는 제가 돕거나 준비위원회에서 스스로 빌리는데, 대부분은 준비위원회가 알아서 빌립니다. 준비한 물품은 행사에 바로 쓸 수 있도록 챙겨두거나, 자치회실에 미리 모아둡니다.

▶ 놀이 종류와 통과 조건 ◀

1. 훌라후프
   - 훌라후프를 돌리다 떨어져도 계속 수를 보태 센다.
   - 저학년: 30개
   - 고학년: 40개

2. 플라잉디스크
   - 일정한 거리에서 플라잉디스크를 던져 운동장에 그려진 원에 넣는다.
   - 원은 크게 그린다.

3. 줄넘기

	앞	뒤	한 발	뛰기
저학년	10	5	5	10
고학년	20	10	10	20

4. 행운 주사위 달리기
 - 반환점을 돌아오는 달리기다.
 - 주사위를 던져 나온 수만큼 돌고 온다.
 - 5, 6이 나올 때까지 계속한다.

5. 신발 차 넣기
 - 신발을 발에 끼고 차서 운동장에 그려진 원에 넣는다.
 - 신발에 맞아 다치지 않게 조심한다.

6. 딱지치기
 - 우유곽으로 만들어 준비한 딱지를 쓴다.
 - 마당 도우미에게 이겨야 한다.

7. 비사치기
 - 멀리 있는 비석을 3단계로 넘겨야 한다.
 - 던져서, 한 발로, 발에 끼고 넘긴다.

8. 배드민턴

- 배드민턴 콕을 튕기는데, 떨어져도 수를 보태 센다.
- 저학년: 10개
- 고학년: 20개

안전을 위해 심하게 장난하는 어린이는 놀이에서 빠진다.

배드민턴 놀이마당

진행

행사하는 날입니다. 행사하는 날 아침에 담당교사인 저는 두 가지 내용으로 선생님들께 메시지를 드립니다. 하나는 행사 안내입니다. 행사에 많은 학생이 함께할 수 있도록 한 번 더 안내를 부탁드립니다. 아

> **안내 메시지 내용**
>
> 오늘 5교시 수업을 마치고 놀이마당이 있습니다. 많은 학생이 참여하도록 안내 부탁드립니다. 아울러 준비위원회 학생들은 행사 준비를 위하여 5교시 수업 마치기 전에 모입니다. 담임선생님들의 양해와 협조 부탁드립니다.

울러 준비위원회 학생들이 행사 진행을 위해 조금 일찍 마치고 모일 수 있도록 협조를 부탁드립니다.

준비위원회 학생들은 행사하는 날 점심시간에 모여 운동장 상태와 준비물을 다시 한번 확인합니다. 처음에는 담당교사인 제가 시켜서 하던 것이 한두 번 하다 보면 시키지 않아도 알아서 합니다. 수업을 마치기 20분 전에 조끼를 입고 모인 준비위원회는 계획한 대로 착착 움직입

놀이마당 진행 준비

니다. 자치회를 담당 업무로 맡으며 가장 큰 보람을 느끼면서, 업무로써 일도 가벼워질 때가 이처럼 아이들이 스스로 할 때입니다.

먼저 체육창고에서 선 긋는 기계를 내어 놀이마당을 구분하는 선을 긋습니다. 선을 그으면 놀이마당 담당자들은 자치회실에서 가져온 의자를 놓고, 의자에 놀이마당 이름과 방법이 적힌 종이를 테이프로 붙입니다. 붙이는 종이는 준비위원회에서 미리 글로 쓰거나 컴퓨터로 만들어둡니다. 이것 또한 처음 할 때는 담당교사인 저의 일이었지만, 두 번째부터는 스스로 만듭니다.

놀이마당 담당 학생들은 스티커를 미리 챙깁니다. 놀이마당 기준에 맞게 통과하면 붙여줄 스티커입니다. 필요한 스티커는 담당교사가 챙겨줍니다. 회장단은 본부석(조회대)에 책상과 의자를 놓고서 놀이마당에 나눠줄 활동지를 준비합니다.

놀이마당 진행

1. 참가 학생은 본부석에서 놀이마당 활동지를 받고 이름을 쓴다.
2. 놀이마다 통과 기준을 넘으면 진행자가 스티커를 활동지에 붙여준다.
3. 스티커를 다 받은 학생은 활동지를 본부석에 제출한다.
4. 활동지를 제출한 학생에게는 전교어린이자치회 예산으로 작은 선물(L자 파일, 공기 등)을 준다.

놀이마당을 마치면, 준비위원회 학생들은 한 곳에 모여 기념사진을 찍습니다. 스스로 행사 하나를 마친 보람이 얼굴에 행복한 웃음으로 묻어납니다.

준비와 진행만큼 중요한 것이 뒷정리입니다. 처음 행사를 진행할 때 가장 강조하는 내용입니다. 행사 정리는 행사를 하지 않은 것처럼 합니다. 놀이마당에 가져온 모든 준비물은 원래 있던 곳에 가져다둡니다. 빌려온 것이 많으니 고마움을 나타내는 인사말을 잊지 않도록 지도합니다. 자치회실에서 가져왔던 것도 원래대로 다 가져다둡니다. 입었던 조끼는 곱게 개어서 제자리에 둡니다. 준비한 쓰레기 봉지에 행사에서 생긴 쓰레기를 치웁니다. 분리수거는 기본입니다. 이런 뒷정리를 할 때면 정리를 하는 학생과 하지 않으려는 학생이 드러납니다. 그렇기에 역할을 나눠서 맡깁니다.

한 번 행사를 제대로 해보면, 그다음 행사는 쉽게 할 수 있습니다. 처음 어린이자치회를 맡고서 가장 놀랐던 점입니다. 처음에는 무엇을 해야 할지 감도 못 잡던 학생들이 놀이마당을 한 번 하고서 그 뒤 행사는 아주 쉽게 해내는 모습을 보입니다. 처음에 신경을 쏟아 제대로 진행하는 것은, 해마다 첫 행사 때 관심 가져야 할 부분입니다. 여러 해 동안 해오더라도, 자치회가 새로 꾸려지면 처음에는 신경을 쏟아 성공하는 경험을 갖도록 해주는 것이 좋습니다.

활동지

활동지는 A4 종이를 반으로 접을 수 있게 만든다. 한 쪽은 놀이마당 종목과 통과 기준, 그리고 스티커를 받아 붙일 수 있도록 했다. 다른 한 쪽은 전교어린이회 홍보부원들이 행사 이름으로 꾸몄다. 활동지는 넉넉하게 150장 정도 복사해둔다.

놀이마당 활동지

장기자랑
- 끼와 실력을 뽐내는 장 -

끼가 넘치는 무대

학생들이 좋아하는 행사 중의 하나가 장기자랑입니다.

요즘에는 연예인을 꿈꾸는 학생이 많습니다. 가수가 되고 싶고, 연기자가 되고 싶기도 합니다. 우리 학교에도 연기하는 학생들이 있습니다. 자기 꿈을 위해 춤이나 연기를 전문으로 배우는 학생도 많습니다. 방과후활동 중 춤 교실이나 리코더 부서는 늘 인기가 많습니다.

아이들은 끼가 넘칩니다. 몇몇은 아이돌 가수들을 그대로 흉내 내는 춤부터 가수 뺨칠 정도로 노래 실력까지 뛰어납니다. 랩을 잘하고 기타나 리코더 같은 악기도 잘 연주합니다. 이런 끼와 실력을 뽐낼 수 있는 자리가 장기자랑입니다. 그러니 도전하는 학생도 많고, 그 경쟁도 치열합니다. 그렇지만 자치회에서 하는 장기자랑에는 그 실력이 조금 모자

장기자랑

라도 괜찮습니다. 남들 앞에 설 수 있는 용기만 있다면 누구든지 도전할 수 있습니다.

알림

전교어린이자치회에서 행사로 장기자랑을 하기로 결정하면, 장기자랑 행사 준비위원회를 꾸립니다. 운영위원회는 모두 준비위원회에 포함되며, 이때부터 운영위원회 회의가 행사 준비위원회 회의로 바뀝니다. 운영위원회는 주에 2번(화, 목요일) 만나서는, 행사 준비에서 진행, 예선 평가까지 합니다. 준비할 게 많으면 더 자주 만나기도 합니다.

먼저 행사를 어떻게 진행할 것인지 결정합니다. 장기자랑은 예선과 본선으로 나눠서 합니다. 본선 날짜는 한 해 행사 계획으로 잡혔기에 예선 날짜만 잡으면 됩니다. 예선과 본선은 1주 차이를 두고서 정합니다. 즉, 정해둔 본선보다 한 주 전에 예선을 합니다. 예선은 하루 만에 끝나지 않고, 며칠 동안 이어서 합니다. 예선은 점심시간에 합니다. 반면 본선은 방과 후에 하고, 하루에 마칩니다. 행사가 결정되면 준비위원회에서는 행사 개요를 정하고 저에게도 알려줍니다. 학교 일정을 확인해서 학교 행사와 날짜가 겹치지 않는지 확인합니다.

장기자랑 행사의 날짜와 장소가 정해졌으면 홍보부가 바쁘게 움직입니다. 홍보부가 주축이 되어, 행사 알림종이를 만듭니다. 물론 홍보부와 준비위원회가 함께 만듭니다. 알림종이는 2종류입니다. 교실로 알리는 종이와 자치회 게시판에 붙이는 종이입니다. 2종류를 같게 할 때도 있지만, 다르게 만드는 게 보통입니다. 교실로 알리는 종이는 A4 종이로 만들어 교실에 한 장씩 나눌 수 있는 수만큼 복사합니다. 자치회실에 복사기가 없으니 우리 학년 연구실에서 복사를 돕습니다. 복사한 알림종이를 들고 1학년부터 6학년까지 교실을 돌며 선생님들께 나눕니다. "선생님, 이거 학생들에게 좀 알려주세요." 하는 말을 잊지 않습니다. 자치회 게시판에 붙이는 알림종이는 도화지로 만듭니다. 교실에 나누는 것보다 더 크고 예쁘게 꾸밉니다.

종이로 알리는 것에 그치지 않습니다. 방송으로도 행사를 안내합니다. 준비위원회에 방송부원이 있으면 그 학생이 하고, 없으면 방송부원에게 협조를 구합니다. 방송 시설은 협조 받지만, 방송은 준비위원장(전 교회장)이 하는 것을 원칙으로 합니다. 방송의 시간도 신경 씁니다. 주로 아침 1교시(09:10) 시작 전(09:05)에 합니다. 점심에는 점심 음악 방송으로 알립니다. 어떤 알림이든 수업시간에는 하지 않습니다.

예선

우리 학교 장기자랑 예선은 3일 동안 합니다. 주로 점심시간에 합니다. 자치회실 또는 회의실(시청각실)에서 하는데, 학생이 많을 때는 저학년과 고학년으로 2곳을 나눠서 하기도 합니다. 해마다 본선 참가자의 2~3배에 달하는 예선 참가자가 있습니다.

예선을 치르는 모습을 보러 가봅니다. 가서 보니 그 모습이 참 재밌습니다. 텔레비전에서 하는 오디션 프로그램을 그대로 흉내 내어 하고 있습니다. 예선을 보는 심사위원(준비위원회 학생들)이 1명이 아니라 여럿입니다. 여럿이 옆으로 앉아서 함께 심사합니다. 참가자가 장기를 보여주면, 심사위원들은 속닥속닥 이야기를 나눕니다. "네, 합격했습니다. 다만 본선에서는 악보를 보지 않도록 해주시기 바랍니다." 하거나 "네, 수고했습니다. 그런데 이번에는 탈락인데, 노래할 때 조금 더 자신감 있게 한다면 내년에는 합격할 수 있을 것입니다. 죄송합니다." 하며 심사평도 합니다.

예선을 시작하기 전에 담당교사로서 도움말을 합니다. 이 도움말을 받아들이고 안 받아들이고는 학생들 몫입니다. 제가 하는 도움말은 예선 통과자가 다양한 분야에서 나왔으면 좋겠다는 것입니다. 학생들이 춤을 많이 추는데, 춤이 너무 많지 않으면 좋겠다고 합니다. 그밖에 독특한 분야는 그 실력이 조금 못 미치더라도 함께할 수 있으면 좋겠다고 합니다. 아울러 학년을 고려할 것도 도움말로 합니다. 학생들도 담당교사인 제 의견을 그대로 따르지는 않지만, 그렇다고 가치 없는 의견이라

장기자랑 예선

예선 심사

장기자랑 예선 합격자
4-5 이지호, 강주원 , 4-6 김소민
4-4 최소윤, 4-6 이민준, 6-4 현에스더
2-2 신준희, 2-6 유예빈, 5-3 꿈꾸는
아이들, 6-4 김민 원서희 정사랑, 6-7 한수미
6-6 김다은, 6-2 김시온, 6-5 박예진
5-2 이민규, 5-5 이정민, 6-3 김현아, 남은지
곽민준 정수민 김유빈, 5-5 김연우, 정유나, 배예나
5-7 유지현 최수빈 정희원 3-4 김태희 황혜린

예선 합격 발표

무시하지도 않습니다. 제 의견을 적절하게 고려하면서도 자기들 원칙을 지켜가며 장기자랑을 준비합니다.

예선을 통과한 학생들에게 그 결과를 알립니다. 개별로 알리기도 하고, 전체로 알리기도 합니다. 개별로 알릴 때는 준비위원회에서 해당 교실로 찾아가 알립니다. 담당교사인 저에게 합격자 명단을 주면서 메시지로 각 교실에 알려달라 부탁하기도 합니다. 자치회 게시판을 이용해 합격자 명단을 글로 써 전체에게 알리기도 합니다. 아울러 본선 날짜와 장소를 다시 한번 더 알립니다.

예선에 참가한 모든 학생에게 참가 상품을 줍니다. 그러니 준비위원회는 장기자랑 예선에 참여한 모든 명단(학년 반 포함)도 담당교사인 저에게 넘겨줍니다.

본선

1. 준비

장기자랑 본선이 있는 날입니다. 아침 방송으로 방과 후에 장기자랑이 있다는 알림이 들립니다. 전교어린이자치회 준비위원회는 점심시간부터 바쁩니다. 장기자랑을 하는 회의실(시청각실)에서 준비한다고 바쁩니다. 장기자랑을 할 수 있도록 시설을 확인합니다. 무대에 스크린을 내리고 준비위원회에서 직접 만든 화면(파워포인트로 만듦)을 띄우며 본선 차례를 맞춰봅니다. 사회자를 맡는 회장과 부회장은 마이크 상태를 확

장기자랑 본선 준비

인합니다. 준비위원회 역할(미리 정해서 옴)대로 위치에 서서 맡은 역할을 다시 한번 확인합니다.

모든 준비를 마쳤습니다. 준비위원회 학생들은 수업을 들으러 헤어집니다. 수요일은 5교시까지 수업이 있는 날입니다. 이렇게 행사가 있는 날은 수업을 마치기 전에 모입니다. 역시나 담당교사인 저는 이 사실(준비위원회가 조금 일찍 모임)을 담임선생님께 협조를 구합니다.

자치회 조끼를 입은 준비위원회는 자기 위치에서 행사 시작을 기다립니다. 물론 질서정연하지는 않습니다. 행사 때마다 자치회 학생들 모두 조금은 흥분 상태입니다. 그러니 작게 해도 될 말을 크게 하고, 좁은 곳이라 서두르지 않아도 되는데 무엇을 하건 바쁘게 움직이며 큰일이라도 난 것처럼 행동합니다. 이런 설렘이 있는 아이들의 모습이 아름답습니다.

5교시 수업을 마치면, 장기자랑 참가자와 구경하는 학생들이 행사장으로 몰려옵니다. 준비위원회에서는 참가자와 일반 학생을 구분해서 앉게 합니다. 참가자는 명단을 확인하며 앞쪽에 앉습니다. 명단 확인과 함께 발표 차례도 알려줍니다. 이때 참가자의 처지를 고려해 발표 차례를 실시간으로 바꾸기도 합니다. 장기자랑 본선 참가자는 10팀 안팎입니다. 시간은 1시간 정도 걸립니다. 2시에 시작해 3시 정도면 마칩니다.

"지금부터 군포양정초등학교 어린이자치회 주관 장기자랑을 시작하겠습니다."

2. 진행

사회자(주로 준비위원장인 학생회장)가 시작을 알리면 1번 참가자부터 앞으로 나와 인터뷰를 시작합니다. 자기소개와 장기자랑으로 무엇을 할 건지 소개합니다. 이 소개만으로도 떨리는 아이들입니다. 구경온 학생들은 친구에게 힘내라고 큰 소리로 응원합니다. 준비를 마치면 학생들은 자기 끼를 발산합니다. 춤을 추거나 노래를 하거나 악기를 연주합니다. 참가자는 긴장하거나 즐깁니다. 구경하는 학생들은 함께 어울리거나 손뼉을 치며 즐깁니다. 친구를 응원하는 학생들의 큰 소리로 깜짝 놀랄 때도 있습니다. 잘 알려진 노래나 춤이 나올 때는 함께 노래하고 춤동작을 그대로 따라합니다. 장기자랑하는 회의실(시청각실)이 들썩거릴 만큼 뜨겁습니다.

춤과 노래, 악기 연주가 주를 이루지만, 가끔은 독특한 장기자랑이

장기자랑 본선

나올 때도 있습니다. 좁은 무대 위에서 자전거로 묘기를 펼치는 6학년 남학생 둘이 있었습니다. 3층 회의실(시청각실)까지 자전거를 메고 올라와 보호장구까지 하고서 묘기하는 모습이 늠름해보였습니다. 요요를 잘 가지고 노는 학생도 있었습니다. 장갑까지 끼고 뽐내는 실력에 학생들 박수 소리가 무척 컸습니다. 3학년 여학생 둘이 함께 부르던 뮤지컬 노래도 무척 멋졌습니다. 목소리가 얼마나 우렁찬지 회의실(시청각실)이 쩌렁쩌렁했습니다. 그 용기에 박수 소리도 무척이나 컸습니다.

장기자랑 방송

방송으로 함께 보기

 장기자랑을 학교의 모든 어린이들이 함께 보면 좋겠다는 생각이 듭니다. 어떤 방법이 있을까, 궁리합니다. 학교 방송으로 실시간 중계도 했는데, 노력에 견줘 방과 후라 별 효과가 없었습니다. 참가자 중에서 3팀을 뽑아 아침 방송으로 직접 합니다. 방송실에서 긴장한 아이들 모습이 교실 텔레비전에 잡히고, 아이들은 곧 자기 장기를 뽐냅니다. 아이들에게는 둘도 없는 추억이 되었을 것 같습니다.

 본선 참가자 모두를 보여줄 방법을 생각합니다. 동영상으로 찍어서 짧게 편집해 모두를 담아봅니다. 학교에 동영상 편집을 잘하는 선생님의 도움을 받았는데, 6분 정도의 영상이 되었습니다. 역시나 아침 방송으로 보여줬는데 반응이 좋았습니다. 학생들이 영상을 찍고 편집까지 한다면 더 좋겠다고 생각이 들었습니다. 다음번의 몫입니다.

바자회
- 모두가 흥겨운 장터 -

준비

아이들은 역할 놀이를 무척이나 좋아합니다. 특히 물건을 사고파는 놀이를 좋아합니다. 아이들은 집에서 물건을 가져와 직접 사고파는 활동에 푹 빠져듭니다. 물건 파는 사람이 된 것처럼 자기가 가져온 물건 이름을 외치는 모습은 귀엽기까지 합니다. 물건을 사는 학생들도 이곳저곳 다니며 물건을 견줘가며 자기에게 필요한 것을 삽니다. 다른 행사에 견줘, 바자회는 저학년이 많이 참여하며 즐겁습니다.

물건을 사고파는 활동이라 실내에서는 할 수가 없습니다. 우리 학교는 학교 운동장 스탠드를 물건 파는 곳으로 합니다. 그렇기에 학교 운동장 사용을 확인해야 합니다. 방과 후에 운동장을 쓰는 활동이 있을 경우, 담당 선생님께 양해를 구해야 합니다. 야외에서 하니 날씨 영향

 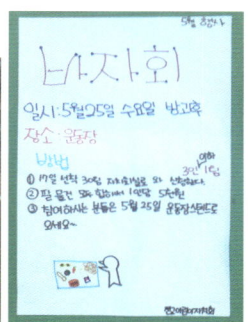 

바자회   바자회 알림종이   바자회 신청

을 받습니다. 너무 덥거나 추울 때는 힘듭니다. 그래서 봄이나 가을이 좋습니다. 행사하는 날에 비가 오면 행사를 진행할 수 없습니다. 사전에 행사를 안내할 때부터 비가 올 경우의 계획(주로 한 주 미룸)을 함께 알려야 합니다.

전교어린이회에서 바자회를 하기로 했다면, 행사 준비위원회를 꾸려 자세한 계획을 세웁니다. 자세한 계획 또한 전교어린이회와 다모임에 보고합니다. 결정한 내용은 홍보부에서 알림종이로 만듭니다. 바자회는 저학년이 좋아하니 저학년 선생님들께 알림종이를 드리며 한 번 더 안내를 부탁드립니다.

바자회에 참가할 학생들은 사전에 신청을 받습니다. 참가 신청 기간을 정해서 알려주며, 어린이자치회실에서 신청을 받습니다. 학년, 반, 학생 이름과 팔 물건을 받아써둡니다. 참가를 사전에 신청받는 까닭은 스탠드의 자리 배치 때문입니다. 사람 수를 보고 스탠드에 앉을 자리의 넓이를 정합니다. 사전 신청을 받을 때, 너무 비싼 물건은 팔지 못하게 합니다. 우리 학교 바자회에서는 물건 하나에 3천 원 이상인 것은 팔 수 없습니다. 아울러 학생들 행사이니 어른들은 물건을 살 수는 있되, 팔 수는 없습니다.

처음 할 때 돈은 진짜 돈으로 할 것인지, 가짜 돈으로 할 것인지 논쟁이 치열했습니다. 가짜 돈으로 한다면 참가한 학생들만 행사를 즐길 수 있는 한계가 있음을 안 학생들은 진짜 돈으로 하기로 합니다. 돈이 엮여 있으니 조금 더 신중하게 행사를 진행해야 합니다.

진행

행사하는 날입니다. 바자회에 참가하는 학생은 책가방 외에도 팔 물건을 가득 들고 학교에 옵니다. 물건 든 손이 무겁지만 바자회를 하며 놀 생각에, 아침에 학교 오는 발걸음이 가볍습니다.

자치회 준비위원회 학생들이 다른 행사 때보다 조금 더 바쁘게 움직입니다. 점심시간에 모여서는 정말 바쁘게 움직입니다. 빗자루로 스탠드를 씁니다. 본부석을 마련합니다. 누가 시키지 않아도 이렇게 하고 있습니다. 준비위원회가 있으니 스스로 할 일을 찾고 나눠서 합니다. 이렇게 일을 할 때 행사가 더 잘 되고, 이럴 때 더 큰 보람이 있음을 여러 행사로 스스로 알았기 때문이지 싶습니다.

위원회가 준비한 모습 중에서 놀란 사실이 있습니다. 위원회에서 참가자들이 스탠드에 앉을 자리를 미리 다 정해둔 것입니다. 사전에 참가자로 받은 이름을 한글 파일로 출력합니다. 출력한 종이를 잘라뒀다가, 빗자루로 쓸고는 테이프를 잘라서 이름표를 붙입니다. 담당교사로서 구경 겸 확인 갔다가, 아이들 이름표가 붙어 있는 모습을 보고 놀라면서도 감동했던 기억이 오래 남습니다. 한 번 이렇게 하고 나면 그 뒤부터는 이 모습을 배운 후배들이 그대로 따라서 합니다.

바자회가 열립니다. 아이들이 금세 가득입니다. 자치회 주관 행사 중에서 가장 많은 학생이 모이는 행사입니다. 물건을 팔 학생들은 자기 자리를 찾아 앉고는 가져온 물건을 잘 차립니다. 미리 써온 가격표도 붙입니다. 가격표만 있을 줄 알았는데, 학생들 자리를 다녀보면 색다른 모습도 볼 수 있습니다. 가게 이름을 만든 학생도 있고, 물건을 싸게 판다면서 할인이라는 말로 꼬드기는 종이를 써둔 학생도 있습니다. 놀면서 새로운 생각이 샘솟는 아이들의 창의성을 엿볼 수 있습니다.

행사를 언제 시작한다는 안내를 따로 하지 않습니다. 판을 벌이면 바로 물건을 팔기 시작합니다. 물건을 파는 학생만 신난 게 아닙니다. 물건을 사는 학생들도 신이 났습니다. 보통 때 갖고 싶었던 물건을 싼 가격에 살 수 있어 좋습니다. 물건을 파는 친한 친구와 흥정하는 즐거움도 있습니다. 음료수나 아이스크림을 가져와 파는 학생도 있는데, 이곳에는 사려는 학생들이 줄을 섭니다.

물건을 사는 사람 중에는 어른도 보입니다. 학부모와 선생님입니다. 언급했듯, 학부모는 물건을 팔 수는 없지만 살 수는 있습니다. 주로 저학년 학생의 학부모가 많은데, 아이와 손을 잡고는 아이가 사고 싶다는 물건을 함께 봅니다. 선생님들이 함께하는 모습도 참 좋으면서 담당교사 입장에서는 고맙기까지 합니다. 우리 학교에서는 관리자들도 단골손님입니다. 아이들과 눈을 맞춰 흥정하는 선생님 모습이 아름답습니다.

두 번째 바자회를 할 때, "우리도 뭔가 해요." 하는 의견이 준비위원회에서 나왔습니다. 준비위원회는 궁리 끝에 팝콘과 토스트, 그리고 음료수를 팔기로 합니다. 팝콘 기계는 자치회실을 처음 열 때부터 샀습니다. 회의 때 튀겨먹으라며 자치회 예산으로 샀습니다. 토스트 기계는 학생들이 집에서 가져왔습니다. 팝콘과 토스트 할 빵, 그리고 잼과 음료수는 행사 전에 담당교사인 제가 자치회 예산으로 샀습니다. 자치회에서 먹을거리를 파는 곳은 인기가 대단했습니다. 싼 가격으로 파는 데도 5만 원 남짓 팔았으니 정말 큰 인기를 끈 것입니다.

만든 음식을 담아주려니 컵과 쟁반이 필요합니다. 처음에는 일회용품으로 했는데, 환경을 생각해 스텐리스 컵과 쟁반을 사서 쓰고 있습니다. 이렇게 번 돈은 모아뒀다가 다른 행사(추석 때 송편 만들기) 때 쓰거나 불우이웃돕기 성금으로 냈습니다.

행사 때 자치회의 역할 중에서 질서 유지가 가장 중요합니다. 돈이 오가니 돈과 관련한 민원도 해결해야 합니다. 돈을 주워 가져와 방송으로 찾아주기도 합니다. 한 번은 어린 아이가 지갑을 잃었다고 웁니다. 지갑을 잃었다고 방송을 했는데도 찾았다는 학생이 안 나옵니다. 준비위원회 학생들이 행사장에서 지갑을 찾습니다. 오래 걸리지 않아 지갑을 찾았고, 그 지갑을 받은 학생은 눈물을 그치고 다시 물건 사러갔습니다.

바자회 준비

바자회 진행

자치회 파는 곳

4장. 할 때마다 즐거운 정기 행사

마치며

　바자회 행사에만 한 시간이 넘게 걸립니다. 다른 행사는 정리까지 한 시간 남짓인데, 그것에 견주면 바자회 시간은 조금 긴 편입니다. 행사를 마친다는 준비위원장의 안내 방송이 나오면, 준비위원회 학생들도 바쁘게 움직입니다. 역할을 나눠서 움직입니다. 자치회실에 가져온 행사 용품(책상, 의자, 컵과 쟁반, 팝콘 기계 등)을 챙겨서 가져다둡니다. 쓰레기봉투를 가지고 다니며 행사로 생긴 쓰레기를 정리합니다. 가끔 물건을 두고 가는 학생이 나옵니다. 자치회실에 챙겨뒀다가 다음날 방송으로 돌려주기도 합니다.

바자회 뒷정리 후

행사를 잘 마쳤습니다. 담당교사인 저는 행사에 참가한 학생들에게 작은 기념품을 하나씩 줍니다. 학생들이 준비하고 진행한 행사이지만, 학교 학부모회와 함께 더 큰 잔치로 여는 학교도 더러 있습니다. 그것에 견줄 바 없는 작은 행사이지만, 학생들은 즐거운 시간을 보냅니다.

퀴즈 대회
- 골든벨을 울려라 -

준비

학생들과 무엇을 할 것인지 이야기를 나누면, 빠지지 않고 나오는 게 퀴즈 대회(골든벨)입니다. 텔레비전에서 하기도 하거니와 많은 교실에서도 퀴즈 대회를 하니 학생들도 익숙합니다. 학생들에게 익숙하지만, 행사로 하려면 준비할 게 생각보다 많습니다.

퀴즈 대회를 하기 위해 장소를 대관해야 합니다. 예선과 본선으로 나눠서 한다면, 각각 한 번씩 적어도 두 번은 많은 학생이 모일 수 있는 실내 장소를 구해야 합니다. 이러한 장소 대관은 담당교사인 제가 맡아서 합니다. 자치회실, 우리 반 교실, 회의실 중에서 참가 학생의 수를 헤아려 정합니다.

학생들이 풀 문제를 만들어야 합니다. 행사 준비위원회에서는 문제

퀴즈 대회

를 만드는 데 많은 시간을 쏟습니다. 저학년과 고학년을 나눠서 하더라도 여러 학년이 함께 풀 수 있는 문제여야 하니 난이도 조절이 만만치 않습니다.

문제를 낼 때는 먼저 영역을 선정합니다. 보통은 상식 문제를 많이 준비합니다. 재미를 위해 넌센스 문제를 넣기도 하는데, 너무 많이 넣으면 퀴즈 대회의 취지에 어긋나기도 합니다. 역사 문제도 조금 넣는데, 초등학교에서는 역사를 모든 학년이 배우는 게 아니니 유의해야 합니다. 학교에 관련된 문제를 내기도 합니다.

문제도 중요하지만, 전교어린이자치회에서 하는 퀴즈 대회는 지적 수준을 따지기보다는 즐기기 위한 자리임을 잊지 않으려 합니다. 그래서 본선만 진출하면, 본선 진출한 학생은 모두 같은 기념품을 받습니다. 물론 등수에 든 학생에게는 작은 보상을 하기도 합니다.

진행

학생들에게 퀴즈 대회 행사를 알립니다. 자치회 게시판에 알림종이를 홍보부에서 꾸며 붙입니다. 회장은 학교 방송으로 알립니다. 담당교사인 저는 선생님들께 메시지로 안내와 협조를 부탁드립니다. 퀴즈 대회 행사를 안내하면 다른 행사에 참여하지 않았던 학생들이 관심을 보입니다. 장기자랑이나 놀이마당 같이 몸으로만 하는 행사가 아니니 책을 좋아하는 학생들도 많이 참여하는 행사가 퀴즈 대회입니다.

예선을 먼저 거칩니다. 예선을 하는 방법도 해를 거듭할수록 다양해집니다. 처음에 퀴즈 대회를 할 때는 예선을 각 교실에서 치렀습니다. 담임선생님께 전교어린이자치회에서 만든 문제를 드립니다. 그럼 예선

퀴즈 대회 예선

을 담임선생님께서 진행합니다. 각 학급에서 2명씩 대표를 뽑습니다. 담임선생님들께서 협조를 잘해주셨지만, 수업을 방해하는 것 같아 다음 해부터는 자치회에서 자체 예선을 했습니다. 참가자가 적을 때는 학년 구분을 하지 않으나 참가자가 많을 때는 저학년부와 고학년부로 나눠서 합니다. 주로 점심시간에 합니다. 예선 참가자가 적을 때는 신청자를 모아 바로 본선을 하기도 합니다.

예선을 거친 학생들이 본선하는 날입니다. 본선은 수요일 방과 후에 합니다. 우리 반 교실이나 회의실(시청각실)에서 진행하고, 학생들은 바닥에 앉아서 합니다. 본선 진행 방법도 경험이 쌓일수록 달라집니다. 처음 할 때는 학급에서 예선을 거쳐 통과한 저학년과 고학년 학생들을 모두 모아서 함께했는데, 그러니 문제 수준을 맞추기가 어렵고, 진행도 어려웠습니다. 그 뒤로는 본선도 저학년, 고학년으로 나눠서 진행하고 있습니다.

본선을 하기 위해 전교어린이자치회 행사 준비위원회 학생들은 바쁘게 움직입니다. 먼저 문제를 준비합니다. 저학년과 고학년의 수준을 고려해 다른 문제로 준비합니다. 회의실(시청각실) 컴퓨터와 프로젝트를 이용하기에 문제를 파워포인트로 만듭니다. 준비위원회에서 함께 난이도를 고려해서 차례를 정합니다. 패자부활전 문제도 준비해둡니다.

퀴즈 대회를 위한 준비물도 구합니다. 기본적으로 퀴즈 대회용 판과 쓸 펜, 그리고 닦을 지우개가 필요합니다. 처음 진행할 때는 준비가 되지 않아 학교에 수소문해 퀴즈 대회용 판을 가지고 있는 선생님께 판과 펜, 지우개까지 모두 빌려서 했습니다. 다음 해부터는 자치회 예산으로

퀴즈 대회에 필요한 준비물

- 화이트보드(40cm×30cm)
- 보드마카 펜
- 화이트보드 지우개

준비해서 쓰고 있습니다.

본선이 있는 날, 준비위원회 학생들은 점심시간부터 준비합니다. 회의실(시청각실) 의자를 정리하고, 바닥을 청소합니다. 바닥에 앉아서 하니 꼭 해야 할 일입니다. 아울러 컴퓨터로 파워포인트 문제 상태도 확인합니다. 하나하나 꼼꼼하게 확인해야 본 행사가 제대로 진행되는 것을 몸으로 익혀서 잘 알고 있습니다. 행사 시작하기 20분 전(5교시 끝나기 20분 전)에 모여서 다시 한번 행사의 준비 상태를 확인합니다. 5교시(정규 수업 마지막 시간)를 마치면 본선 참가자들이 참여하고 행사를 바로 시작합니다.

준비위원회에서는 미리 진행자와 역할을 나눕니다. 회장이 준비위원장으로 행사 전체를 총괄합니다. 본 행사도 회장이 진행할 때가 많습니다. 그러지 않을 때는 회장이 행사의 시작을 알리는 말을 하기도 합니다. 회장이 문제를 내더라도 한 명은 더 필요합니다. 컴퓨터실에서 진행자와 호흡하며 문제 내는 담당도 몇 명 있어야 합니다. 시작 전에 예선을 통과한 학생인지 확인하는 학생도 필요합니다. 행사를 시작하

퀴즈 대회 본선   퀴즈 대회 결과

면 문제 푸는 과정을 살피고 틀린 학생 관리를 맞는 학생도 있어야 합니다. 그리고 참가자들이 문제 푸는 과정에 필요한 것을 돕는 역할의 학생까지 있어야 합니다.

마치며

자치회에서 하는 행사는 잔치 분위기와 어울림, 그리고 행복이 목적입니다. 퀴즈 대회라는 형식이 가장 잘하는 학생 한 명을 뽑는 경쟁 구도이지만, 결과에서는 모두가 만족하도록 합니다. 그래서 모두에게 기념품을 줍니다. 물론 1, 2, 3등에게는 조금 더 나은 선물을 주기도 합니다. 그런데 그 정도가 크지는 않습니다. 그리고 등수에 든 학생들은 사진을 한 장 찍어 학교자치회 게시판에 붙여둡니다. 예산을 따져보고 넉넉하다면 예선에 참가한 학생까지도 작으나마 기념품을 주려고 애씁니다.

보건실과 함께하는 퀴즈 대회

학교 보건 선생님께서 전화를 주셨다. 학교 퀴즈 대회를 보건과 연계해서 하는 것이 어떤가 하셨다. 모든 것이 그렇듯 혼자서 결정할 수는 없어 전교어린이자치회 학생들에게 물으니 좋다고 한다. 사실 자치회에서만 주는 선물보다 더 좋은 선물을 준다고 하는 점이 선뜻 좋다고 하는 까닭이기도 하다.

그런데 그 선물을 자치회 학생들이 가지는 게 아니다. 선물이 남을 때는 준비위원회에도 주지만 그러지 못할 때가 더 많다. 자치회에서 주관하는 행사의 선물을 내가 받지 못하고 다른 학생들이 받더라도 행사가 더 풍성했으면 하는 마음이다.

보건과 연계하지만, 보건으로만 내지 않고 자치회 준비 문제에 보건 문제를 몇 개 섞어서 했다. 행사하는 날, 보건 선생님도 직접 오시고 선물을 전달할 때 직접 주기도 해 좋았다.

덧붙이자면 우리 학교에서는 보건에서 하는 금연 캠페인도 퀴즈 대회에서 다루고 있다.

보물찾기
- 상상력과 실천력이 빚어낸 행사 -

상상력

"다음 달 행사로 보물찾기를 하면 좋겠습니다."

어린이자치회를 업무로 맡아 학생들의 의견을 반영해서 행사를 하겠다고 자신 있게 말했습니다. 학생들은 자유롭게 생각을 펼쳤고, 생각은 곧 현실이 되었습니다. 보물찾기도 그중 하나였습니다. 그런데 보물찾기만은 선뜻 할 엄두가 나지 않았습니다. 담당교사인 제가 '보물찾기를 어떻게 해?' 하며 하기 힘들다고 막았습니다. 그만큼 제 상상력으로는 보물찾기가 어린이자치회 행사로 가능하지 않다고 생각했습니다.

"다음 달 행사로 보물찾기를 하면 좋겠습니다."

한두 번 힘들다고 말해도 자치회 학생들은 또 같은 의견을 냅니다. 아울러 학기마다, 해마다 새로운 일꾼으로 어린이자치회가 꾸려지니

안 된다고 했던 의견이 또 나옵니다. 그만큼 하고 싶은 마음이 큽니다. 이렇게 하고 싶다는데, 더 이상은 안 된다고 말하지 않고 한 발 물러났습니다. 그러며 물었습니다.

"어디서 할 건데요?"

"학교 밖 운동장과 학교 안 아무 곳에나 숨기고 찾으면 될 것 같습니다."

"학교 안은 위험하고 힘들 것 같습니다."

"그럼 학교 운동장에서만 하면 될 것 같은데요."

"운동장에는 어디에 보물을 숨기죠?"

"숨길 곳은 많습니다."

자신 가득한 말을 믿어 봅니다.

"그럼, 잘 준비해서 해보도록 하세요."

준비

전교어린이회의에서 보물찾기 행사를 위한 준비위원회를 꾸립니다. 홍보부는 준비위원회에 저절로 들어가, 안내장을 만들어 알리는 일을 합니다. 보물찾기를 하자고 의견을 낸 학생은 본인 의사에 따라 준비위원회와 함께할 수 있습니다. 준비위원회가 꾸려지면, 운영위원회 회의 (주마다 화, 목요일 점심시간)는 저절로 준비위원회 회의로 바뀌어 행사 준비에 온 힘을 쏟습니다. 모든 준비는 준비위원회의 몫입니다. 하다가 무엇이 잘 안 되거나 막히면 담당자인 저를 찾지만 그런 일은 많지 않습니다.

준비위원회에서 가장 먼저 하는 일은 행사를 알리는 일입니다. 도화지에 안내장을 만들어 자치회 게시판 두 곳에 붙입니다. A4 종이에도 안내장을 만들어 학급 수만큼 복사한 뒤 교실을 다니며 선생님들께 드립니다. 업무 담당자로서 저도 교내 업무 메시지로 행사를 안내드립니다. 행사 때마다 하는 일이라 선생님들께서도 당연한 듯 받아들이며, 학생들에게 알리고 교실에 안내장을 붙여서 학생들이 참가할 수 있도록 돕습니다.

준비위원회는 행사 준비로 보물찾기에 쓸 보물을 만듭니다. 자치회실 컴퓨터와 프린터로 만듭니다. 한글 프로그램으로 표를 이용해 보물을 작게 만듭니다. 보물은 저학년과 고학년으로 구분합니다. 하나만 인정한다는 안내도 보탭니다. '꽝'도 만들어 재미를 보탭니다. 인쇄한 후 준비위원회 학생들이 하나하나 가위로 자릅니다. 자른 종이는 두 번 접

보물 숨기기

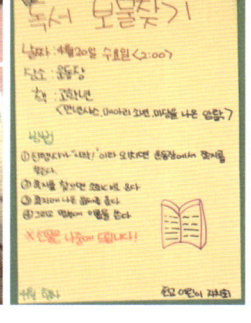

보물찾기 안내장

보물찾기 시작

습니다.

수요일 오후에 보물찾기를 합니다. 준비위원회는 점심시간에 모여 학교 운동장을 돌며 계획을 다시 한번 확인하고, 보물을 숨길 곳도 눈여겨봅니다. 본부석(구령대)에 책상과 의자도 가져다 놓습니다. 보물 찾은 명단을 받아 적는 준비위원들이 앉을 자리입니다.

5교시를 마치고 바로 행사를 해야 하니, 준비위원회는 조금 일찍 모입니다. 역시나 조금 일찍 모일 수 있도록 제가 도와야 합니다. 준비위원회 학생들이 조금 일찍 나올 수 있도록 선생님들께 협조 메시지를 드립니다. 20분 남짓 먼저 나온 학생들은 준비위원회임을 표시하는 조끼를 챙겨 입습니다.

모두가 하나 되어 움직이며 보물을 숨깁니다. 운동장에서 하니 숨길 곳이 많지 않습니다. 보통 운동장 흙 밑에 숨깁니다. 축구, 농구 골대 둘레에도 숨깁니다. 놀이터에는 그래도 제법 숨길 수 있는 곳이 많은 편입니다. 숨기지 말아야 할 곳도 있습니다. 당연히 학교 건물 안에는 숨기지 않습니다. 화단에도 숨기지 않습니다. 위험한 곳(골대나 나무 위)에도 숨기지 않습니다. 숨기지 않은 곳은 준비위원장이 시작할 때 참가 학생들에게 안내해서 들어가지 않도록 안내합니다.

보물을 숨길 때 준비위원회에서는 저학년과 고학년을 구분하는 치밀함을 보입니다. 운동장을 반으로 나눠서 저학년과 고학년으로 따로 숨깁니다. 우리 학교 운동장은 흙이라 운동장이 반으로 잘 나눠지지 않습니다. 그러니 준비위원회에서는 체육 선생님께 부탁 드려 선 긋는 기구를 빌려 운동장 가운데를 반으로 나눕니다.

진행

5교시를 마치는 종이 치고, 학생들이 운동장 가운데로 모입니다. 준비위원회는 학년별로 줄을 서게 하는데, 그 줄을 정확하게 맞추지는 않습니다. 저학년과 고학년으로 구분될 정도로만 맞춰서 섭니다. 준비위원장이 주의할 점을 알리고는 보물찾기 행사 시작을 크게 외칩니다. 보

자치회에서 만든 주의사항

1. 한 사람 당 한 장만 인정한다.
2. 싸울 경우, 퇴장 조치한다.
3. 저학년, 고학년으로 구분되어 있다.
4. 화단이나 학교 건물 안으로 들어가지 않는다.

보물찾기 주의사항

물을 찾기 위해 사방으로 뛰는 학생들 모습이 장관입니다. 보물을 찾는 사이, 준비위원회에서는 신나는 음악을 틀어 잔치 분위기를 돋웁니다. 준비위원회는 운동장을 돌며 안전과 진행을 담당합니다.

보물을 찾은 학생들은 종이를 흔들며 본부석으로 옵니다. 본부석은 바쁩니다. 보물을 찾은 학생들 이름을 하나하나 다 써야 하기 때문입니다. 저학년과 고학년으로 나눠서 씁니다. 학생들 명단은 다시 컴퓨터로 입력해서 학년별로 분류하여 담당교사인 저에게 줍니다. 이런 번거로움을 줄이려 노트북을 가져와서 학생들 이름을 쓰기도 해보지만, 역시 손이 더 빠르니 금세 포기합니다.

학생들이 간 뒤 준비위원회 학생들이 행사를 정리합니다. 몇몇 준비위원은 학교를 한 바퀴 더 돕니다. 다니며 쓰레기를 줍습니다. 몇몇은 본부석을 정리합니다.

믿음으로 만든 행사

보물찾기 행사는 오래 걸리지 않습니다. 수업을 마치고 모였던 학생들이 보물을 찾고, 이름을 쓴 뒤 집으로 갑니다. 못 찾은 학생들이 운동장을 이곳저곳 다니지만 어쩔 수 없이 행사를 마칩니다. 다른 행사보다 일찍 마치고, 행사 진행도 아주 가볍습니다. 그런데 진행하는 준비위원들이나, 참가한 학생들 모두 즐거워합니다. 학교에서 보물찾기하는 것 자체가 재미입니다. 그러니 해마다 하자고 합니다.

믿음 받는 자치회

　행사를 마친 뒤는 이제 제 몫입니다. 준비위원회에서 정리해서 준 명단을 보고, 학생들에게 줄 선물을 고릅니다. 100명이 넘는 학생들에게 줄 선물을 고르는 게 쉽지 않습니다. 그렇지만 작은 선물이라도 받고 좋아할 아이들 생각에 조금 더 나은 선물을 고르려고 검색합니다. 많은 학생에게 주어야 하니 비싼 것으로 할 수는 없습니다. 이럴 때는 준비위원회에게 줄 선물도 함께 사는 편입니다.

　저는 안 될 거라 생각한 보물찾기 행사를 잘 치렀습니다. 아이들의 상상력과 실천력이 제 기대를 넘어선 것입니다. 이렇듯 담당교사의 생각과 다르더라도 어린이자치회의 '자치'에는 아이들이 자신감을 펼칠 수 있게 하는 '믿음'이 필요합니다.

독서 보물찾기

보물찾기를 독서와 연계해서 한다. 새로운 도전에, 이번에는 또 어떻게 해낼지, 어떻게 될지 궁금하다. 학생들은 보물찾기 행사를 안내할 때 책을 두 권 선정해서 알린다. 그리고 보물에 책에서 뽑은 문제를 담는다. 보물을 찾은 학생들이 본부석에서 정답을 말해야지 통과라 했다. 사실 많은 학생이 책을 읽지 않고 참가해 정답을 말하는 학생이 적었다. 통과하든 못하든 모든 학생 이름을 다 써두게 했다가, 모두에게 같은 기념품을 선물로 줬다.

독서 보물찾기

교실로 찾아가는 산타

준비

이 행사는 학생들이 만들지는 않았습니다. 첫해 12월에는 불우이웃돕기를 어린이자치회 주관 행사로 했는데, 두 번째 해부터 다른 즐거움을 찾아서 제가 제안한 행사입니다. 크리스마스를 맞아 어린이자치회에서 행사를 준비합니다. 자치회가 산타가 되어 학생들에게 즐거움을 주려 합니다. 종교와 연관하지 않고 단지 학생들을 위한 행사로만 생각합니다.

학생들에게 주는 즐거움은 막대 사탕 하나입니다. 학급별 학생 수를 확인하고는 막대 사탕을 자치회 예산으로 주문합니다. 담임선생님께도 드리고, 학교를 위해 애쓰시는 분들도 드려야 하니 100개 정도 더 여유롭게 준비합니다. 사탕과 함께 사탕을 담을 비닐봉지도 함께 주문합니

교실로 찾아가는 산타 　　　　　선물용 사탕

다. 사탕이 오면 어린이자치회 학생들은 사탕을 학급별로 나눠 담습니다. 사탕 개수를 세는 학생, 사탕을 봉지에 넣는 학생, 봉지에 매직펜으로 학급을 쓰는 학생으로 나눠 바쁘게 움직입니다. 사탕을 하나씩 먹으며 합니다. 사랑을 나눌 생각에 즐겁게 일합니다.

　회장과 부회장 둘은 산타복을 미리 입어봅니다. 처음에는 산타복을 입지 않았는데, 분위기를 더 살리기 위해 자치회에서 산타복을 3벌 샀습니다. 산타복을 입고 수염까지 다니 제법 산타 같습니다. 회장과 2명의 부회장은 각자 다른 학생과 함께 3개 조로 나눠 움직입니다. 함께 가는 학생은 보통 학년장이 합니다. 함께 가는 학생은 학생들에게 사탕 나누는 일을 돕습니다. 다른 까닭도 있습니다. 혼자서 가니 어색해하는데, 둘이 가니 서로 북돋우며 훨씬 더 큰 소리로 말하고 즐겁게 사탕을 나눕니다.

캐럴 치며 노래하는 기타 동아리

우리 반에는 기타 동아리가 있다. 주마다 한 시간씩 방과 후에 나에게 기타를 배운다. 학년 말에는 기타로 캐럴을 치며 노래한다. 배운 노래로 유치원에 찾아가서 노래를 불러주기도 한다. 어린이자치회에서 산타가 교실을 찾아갈 때 기타 동아리도 함께 간다. 산타가 앞문으로 들어가면 뒷문으로 조용히 들어가서 산타가 인사를 마치고, 사탕을 나눠줄 때 캐럴을 부른다. 산타에만 눈을 뺏겼던 학생들은 깜짝 놀랐다가 함께 노래를 부르며 좋아한다.

산타와 함께하는 기타 동아리

진행

행사하는 날, 아침부터 일찍 모였습니다. 회장단은 산타복을 입고 선물을 나눠주기 위해 포대에 담아둔 사탕을 챙깁니다. 출발하기에 앞서 모두가 함께 기념사진을 찍습니다. 교실로 찾아가는 산타는 이틀 동안 합니다. 저학년과 고학년을 나눠서 합니다. 포대를 둘러맨 산타가 교실을 찾아갑니다. 그 뒤로 기타 동아리가 따라갑니다.

회장과 부회장 둘은 한 학년씩 맡아서 합니다. 1반부터 시작해 차례로 갑니다. 산타가 앞문으로 들어갑니다. 선생님과 아이들이 산타를 맞이합니다. 하루 전날 선생님들께 메시지로 알렸습니다. 선생님들은 아이들에게 산타를 소개합니다. 아이들은 산타로 분장한 모습을 보며 무척 좋아합니다. 특히 저학년은 산타를 만나서 신기해하기도 하고, 산타 수염을 만져보고 싶어 하기도 합니다.

산타는 "메리 크리스마스!" 하고 소리를 크게 내며 교실로 들어갑니다. 물론 그 소리가 처음부터 크지는 않습니다. 한반 한반 옮길 때마다

선물 주는 산타

산타와 함께

목소리는 더 커져갑니다. 포대에서 준비한 사탕을 꺼냅니다. 교실을 돌며 아이들에게 막대사탕을 하나씩 건넵니다. 아이들은 무척이나 좋아합니다. 학급에 따라 다르지만, 많은 교실에서 사탕을 바로 먹을 수 있게 합니다. 아이들은 사탕을 하나씩 먹으며 행복해합니다. 산타는 선생님께도 사탕을 선물합니다.

한 반을 마치면 그 옆 반으로 옮겨갑니다. 선생님은 수업을 하다가도 멈추고 산타를 맞아줍니다. 그런데 어떨 때는 교실이 텅 비어 산타가 놀랄 때도 있습니다. 전담 수업이거나 야외 수업을 할 때입니다. 이럴 때는 산타가 그 반을 잘 기억했다가, 다음 시간이 시작될 때 다시 가서 선물을 줍니다. 그래서 산타마다 마치는 시각이 다릅니다.

처음 할 때는 학생들만 찾아갔습니다. 교실의 학생들에게만 선물을 줬습니다. 그러다가 세 번째 하던 해에는 특별실도 나눠서 가기로 했습니다. 특별실에 계신 선생님께 사탕을 드리고는 기타 동아리와 함께 캐럴을 부릅니다. 보건실, 행정실, 교무실, 교장실도 갑니다. 교장실에 갔을 때, 교장 선생님이 동영상을 찍어 놀랐다고 합니다. 행정실의 선생님들은 기타를 치는데도 일을 하고 있어 당황스러웠다고 하며 웃습니다. 빠지는 곳이 없게 잘 챙겨 학교의 모든 분에게 사탕을 나눕니다.

선물을 다 전달한 산타는 우리 반 교실로 돌아옵니다. 기타 동아리도 함께 옵니다. 아이들의 표정에 보람이 크면서 힘든 기색도 보입니다. 그래도 보람이 있어 즐거웠다는 표정과 반응이 더 돋보입니다. 아이들은 쉴 새 없이 있었던 일들을 쏟아냅니다. 산타로 애쓴 아이들에게 사탕을 하나씩 줍니다.

급식실에서 온 행복 메시지

교실과 특별실을 돌고 온 산타들은 아이들 반응이 어떠했다며 말을 쏟아낸다. 한결같이 급식실 반응이 최고였다고 한다. 손뼉에 노래도 함께 부르며 좋아하셨다고 한다. 인사하려 찾아온 아이들이 반갑기도 하고, 사람이 잘 들르지 않는 급식실이라 고맙기도 했겠구나, 하는 생각이 든다. 잠시 뒤 영양교사께서 메시지를 주셨다.

> 급식실로 예쁜 꼬마 산타들이 찾아왔습니다. 조리실무사님들께서 같이 박수쳐주면서 같이 노래 부르셨고요. 10년 넘게 근무했어도 오늘 같은 날은 처음이시라면서 꼬마산타들을 보고 감동받아 우셨습니다. 아침 일찍부터 나오셔서 고생하시는 우리 조리사님들께 그 어떤 선물보다도 값진 선물이 되었습니다. 아이들에게도 고맙다고 인사하긴 했으나, 어린이자치회 담당선생님께도 진심으로 고개 숙여 감사인사 드립니다. 급식실까지 챙겨주시고, 정말 고맙습니다. 꼬마산타들 정말 감동이었습니다!

급식실에 찾아간 산타들

또 다른 크리스마스 행사

크리스마스를 맞아 우리 학교에서 하는 정기 행사는 앞에서 소개한 교실로 찾아가는 산타입니다. 그런데 아이들은 다른 행사로 더 놀고 싶어 합니다. 크리스마스이기도 하면서, 학년말이니 조금 더 즐거운 시간을 보내고 싶은 마음입니다. 전교어린이자치회 운영위원회에서 계획해 반짝 행사로 다음과 같은 행사도 합니다.

• 소원 달기

크리스마스는 해가 넘어갈 즈음에 있습니다. 한 해를 마치고, 새해를 맞이하는 때이기도 합니다. 운영위원회에서는 크리스마스에 새해

소원 나무

맞이 행사를 겸해서 합니다. 아이들은 소원을 종이에 씁니다. 쓴 종이를 학교 구석 나무에 대롱대롱 매답니다. 나무가 실외에 있어 힘들면, 실내에서도 가능합니다. 포스트잇에 써서는 유리창에 붙여도 제 뜻을 잘 살릴 수 있습니다.

- 고마운 분들에게 편지 쓰기

담당교사인 저도 의견을 하나 냅니다. 학교를 위해 애쓰는 분들에게 편지를 쓰는 행사를 해보자고 했습니다. 자치회에서도 좋다고 추진합니다. 일반 학생들을 대상으로 하는데, 편지가 잘 들어오지 않습니다. 자치회 학생들에게도 학교를 위해 애쓰는 분들을 정해서 써보라 했습니다. 쓴 것을 운영위원회에서 모아 나눠드렸습니다. 학교 청소하시는 분께서 우리 반 교실로 일부러 오십니다. 그러며 당신께 편지 쓴 학생을 불러달라더니(마침 우리 반 회장) 고맙다고 꼭 껴안아주셨습니다.

5장

언제 하든 재밌는
반짝 행사

학교 캐릭터 만들기
- 새싹이와 나리 -

개교기념일 맞이 행사

"선생님, 개교기념일을 맞아 전교어린이자치회 주관으로 할 수 있는 행사가 없을까요?"

"네, 좋아요. 이야기 나눠보겠습니다."

교무부장 선생님의 연락을 받고, 운영위원회가 같이 모여서 궁리해 보지만, 무엇을 하는 게 좋을지 결정하기 쉽지 않습니다. 마침 어느 학교인지, 어떤 선생님인지 몰라도 학생들이 학교 캐릭터를 만들었다는 말을 했던 기억이 납니다. 학생들에게 '우리 학교 캐릭터 만들기 공모전'을 하는 것이 어떤지 물으니, 학생들도 좋다고 합니다. 바로 행사 준비위원회를 꾸려 행사를 계획하고 진행합니다.

진행

1. 알리고 모으기

학교 캐릭터 만들기는 해본 적이 없지만, 진행이 어려울 것 같지는 않습니다. 알리고, 작품을 모아서 선정하면 될 것 같습니다. 의욕을 갖고 홍보부에서 알림종이를 만듭니다. 알림종이는 자치회 게시판에 붙이고, 복사해서 학급에도 나누며 담임선생님들께 홍보를 부탁합니다.

기한이 며칠 남지 않았는데도 작품이 잘 들어오지 않습니다. 흥미가 떨어지거나 홍보가 부족할 때 이런 모습을 보이는데, 그림 그리기 좋아

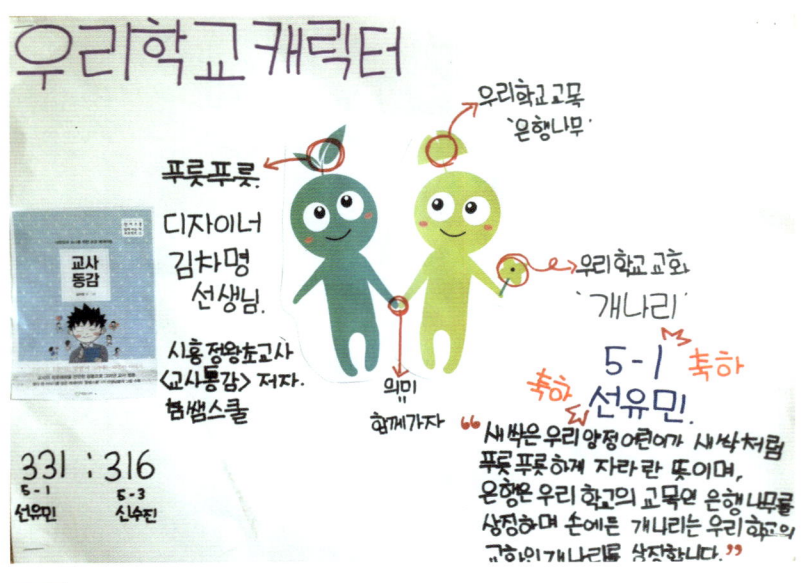

학교 캐릭터 만들기

하는 학생들은 많으니 홍보 탓이 큽니다. 자치회에서도 방송으로 다시 알리고, 저도 선생님들께 메시지로 다시 안내를 부탁드립니다.

학생들의 작품이 하나씩 들어옵니다. 일꾼과 담당자는 작품이 들어올 때마다 신이 납니다. 한 반에서는 미술 시간을 이용해 그려 보냈습니다. 우리 반 학생도 몇 명이 참가했습니다. 마감에 맞춰 들어온 작품이 꽤 되었습니다.

2. 작품 선정하기

캐릭터 공모전에 들어온 작품은 2번의 선정 과정을 거쳐 결선에 올릴 작품을 추려냅니다. 먼저 1차로 전교어린이자치회 준비위원회 학생들이 주관이 되어 50편 가까이 되는 작품에서 그 수를 줄입니다. 전체를 펼치고서 공통되게 수준이 떨어지는 작품을 뺍니다. 학교 상징을 잘 살리고, 캐릭터로서의 모양을 갖춘 작품을 남깁니다. 빼고 남긴 작품에서 여덟 작품 정도를 고릅니다.

2차는 학교 선생님들이 오셔서 8편의 작품을 두고 투표합니다. 음악실에 작품을 펼치고, 학교 메시지로 알려 투표를 부탁드렸더니 꽤 많은 분이 오셔서 투표해주셨습니다. 펼쳐진 여덟 작품에 스티커를 붙이며 투표합니다. 이때 어린이자치회 준비위원회 학생들도 투표 과정에 참가합니다. 이런 과정을 거쳐 두 작품을 선정했습니다.

3. 투표하기

컴퓨터로 만든 캐릭터 2편을 학교 메시지로 보냅니다. 학생들에게 한번 보여주게 했습니다. 그리고 전교생에게 투표 기회를 줍니다. 투표 시간을 따로 갖지는 않고, 희망하는 학생이 점심시간 동안 투표할 수 있게 합니다.

전교어린이자치회 준비위원회에서 출력한 캐릭터를 전지에 붙입니다. 펜으로 전지를 반으로 나누고 양쪽에 캐릭터를 하나씩 붙입니다. 전지 2장을 만들어 본관(고학년)에 하나, 신관(저학년)에 하나를 붙였습니다. 그리고 준비위원회 학생들은 교실로 다니며 선생님들께 자치회에서 준비한 스티커를 학생 수만큼 나눴습니다. 학생들은 점심시간을 이용해서 스티커를 붙입니다. 점심시간을 마칠 무렵 준비위원회에서 투표 전지를 걷어왔습니다. 이때는 저도 같이 다녔는데, 두 작품에 붙은 스티커 수가 비슷해 놀랐습니다.

수업을 마치고 전교어린이자치회 준비위원회 학생들이 모여 스티커 수를 헤아립니다. 10개씩 묶으며 그 수를 보태는데, 계속 비슷하게 나가 개수를 헤아리는 준비위원회 학생들까지 긴장합니다. 결과를 발표할 때는 준비위원회 학생들도 좋아하는 작품으로 나눠 응원까지 합니다. 투표수가 300을 넘은 두 작품 중에 331 대 316으로 결국 한 작품이 선정되었습니다. 전교생이 천 명을 조금 넘으니 정말 많은 학생이 참가했습니다. 숫자가 비슷하니 응원한 작품에 따라 학생들이 아쉬워하기도 하고, 정말 좋아하기도 합니다. 흥분을 가라앉히고는 그 자리에서 결과를 알리는 종이를 만듭니다.

컴퓨터로 캐릭터 다시 그리기

학생들이 제출한 작품은 손으로 그린 그림이다. 캐릭터로 쓰기 위해 컴퓨터 작업이 필요한데 전문 기술이 필요한 부분이다. 물론 어린이자치회 학생들이 할 수도 있지만, 조금 더 제대로 된 캐릭터가 필요했다. 선생님 중에도 그림 그리기를 좋아하는 선생님이 많다. 학교 안에도 있겠지만, 나는 내가 잘 아는 선생님께 부탁드렸다. 『교사동감』(에듀니티, 2015)을 쓴 김차명 선생님께 부탁했다. 어린이들이 그린 작품을 보냈더니 곧 컴퓨터로 곱게 옮겨 보내왔다. 오랜 시간이 지났지만, 그 고마움은 계속 가슴에 품고 있다.

컴퓨터로 다시 그린 캐릭터

활용

1. 안내장

알림종이로도 알렸지만, 학교 방송으로도 선정 결과를 알립니다. 아울러 메시지로도 알립니다. 그러며 "우리 학교 캐릭터를 많이 활용해주세요." 하는 교장 선생님 부탁 말씀을 함께 전합니다. 학생 집에 보내는 학교 안내장에 캐릭터가 들어갑니다. 처음 캐릭터가 들어간 모습을 봤을 때는 제가 다 뭉클했습니다. 학생들도 "와, 여기 캐릭터!" 하며 놀라워했습니다.

2. 현수막

학교 정문에 가끔 학교 소식을 알리는 현수막이 붙습니다. 이 현수막에도 캐릭터를 살려 씁니다. 물론 모든 현수막에는 아니지만, 많은

캐릭터를 활용한 현수막

현수막의 한 쪽 끝에 캐릭터를 담습니다. 현수막 내용이 무엇이든 캐릭터만 들어가도 훨씬 더 친근해집니다. 우리 학교만의 개성을 드러내면서도 초등학교에 잘 맞아 좋습니다.

3. 학교 외벽

어느 날 학교 본관과 신관을 연결하는 곳에 페인트 공사를 합니다. 새로 칠한 곳에 캐릭터가 있습니다. 긴 시간 학교 외벽 공사를 하면서 학교 한 쪽 벽면을 캐릭터로 채웠습니다. 캐릭터를 그렸던 학생(당시 5학년)은 얼마나 기분이 좋았을지 궁금하기도 합니다. 또 학교에 체육관을 지으려 합니다. 체육관 이야기를 나눌 때, "새로 지을 체육관에도 캐릭터를 잘 담으면 좋겠네요." 하며 이야기도 나눴습니다.

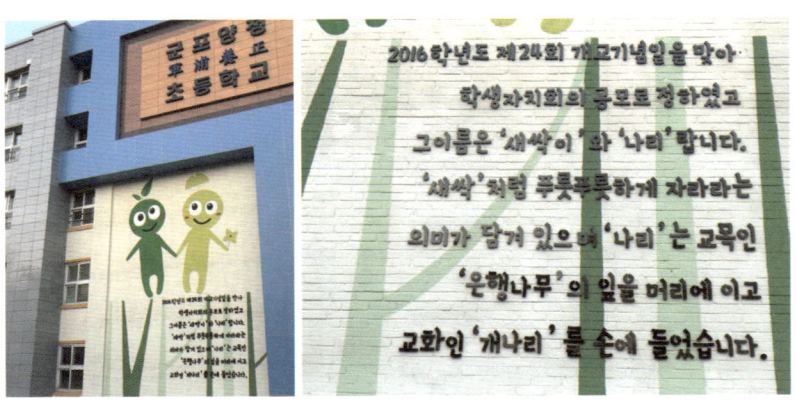

학교 외벽의 캐릭터   캐릭터 이름의 의미

또 다른 개교기념일 행사

1. 캐릭터 이름 공모전

캐릭터 공모전을 할 때 캐릭터의 이름을 정하지 못했다. 그것까지 생각하지 못한 탓이다. 학교의 요구로 이듬해 개교기념일에는 이름 공모전을 했다. 이름 공모전에서 선정된 이름은 '새싹이와 나리'다. 2학년 학생이 공모했는데, 캐릭터와 잘 어울리는 이름이었다.

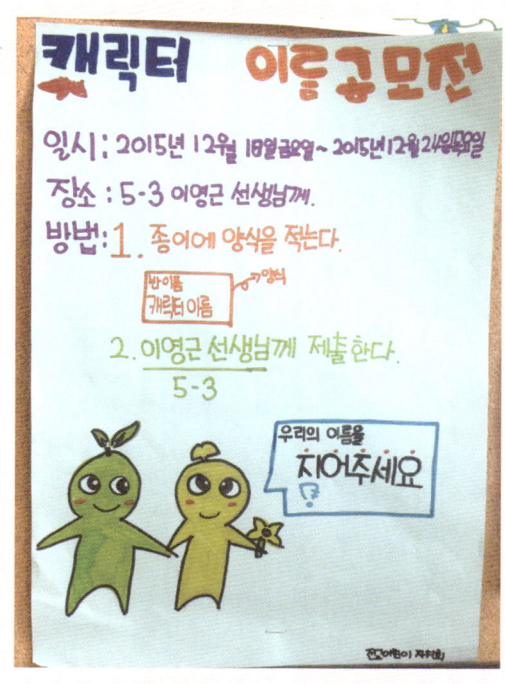

캐릭터 이름 공모전 알림종이

2. 학교 이름 오행시 짓기

개교기념일 행사로 또 무엇을 할 수 있을지 회의했다. 교가로 영상 만들기도 해본다. 응모하는 작품이 없어 실패했다. 자치회에서 준비하고 진행하지만, 잘 되지 않을 때도 있다. 그렇지만 실패에서도 배움은 늘 있는 법이다. 다른 행사로 학교 이름으로 오행시 짓기 행사를 진행한다. 이번에는 참가가 꽤 있다. 50명 정도가 작품을 제출했다. 그중 세 작품을 골라 개교기념식 행사에서 오행시를 쓴 학생이 직접 발표한다. 방송으로 교실에 있는 학생들이 그 모습을 본다.

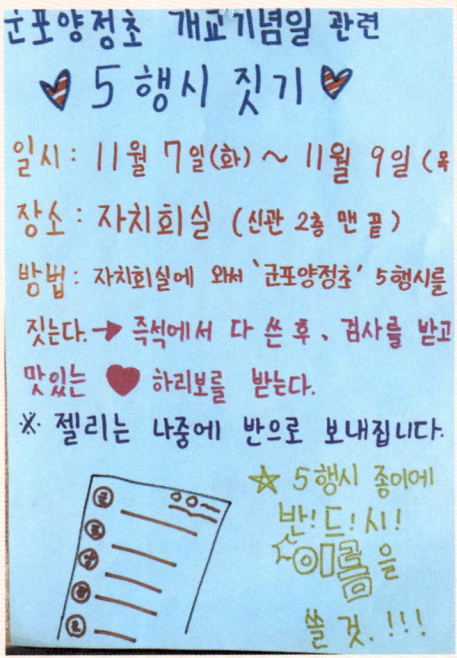

개교기념일 오행시 짓기 알림종이

재미있는 사진 찍기
- 할로윈 데이 -

할로윈 데이의 방송

"전교어린이자치회에서는 할로윈 데이를 맞아, 사진 찍기 행사를 합니다."

전교어린이자치회 회장이 방송을 합니다. 그 내용이 재밌습니다.

"사진을 찍을 때는 다리가 바닥에서 떨어져 있어야 합니다. 사진은 5학년 3반 이영근 선생님께 보내주기 바랍니다."

방송이 교실을 쩌렁쩌렁하게 울리니, 학생들이 관심을 갖습니다. 자치회에서 주관하는 행사가 많으니 학생들은 당연히 새로운 행사를 하는 것으로 생각하는데, 정작 담당교사인 저는 깜짝 놀랍니다. 바쁘게 어린이자치회실에 가봅니다. 자치회 운영위원들이 모여 있습니다.

"얘들아, 조금 전에 방송한 행사는 뭐니?"

할로윈 데이 행사 사진

"할로윈 데이를 맞아서 하는 행사요."

"혹시 그 행사 누가 계획했니?"

"우리끼리 정했는데요."

자치회 운영위원회에서 회의하다가, 할로윈 데이 행사를 하기로 했답니다. 이제야 이해가 되었습니다. 담당교사에게 말하지도 않고 행사를 스스로 진행하고자 하는 용기가 기특하면서도 절차는 밟아야 함을 알려줍니다.

"행사는 재미있겠네. 이번에는 그대로 하고, 다음에는 나와도 협의하고 해줘. 담당교사인 나도 알고는 있어야지."

"네."

진행

　자치회 운영위원회와 이야기 나누고 돌아오며 이미 완성된 알림종이를 살핍니다. 할로윈 데이를 맞아 땅에서 발이 떨어진 사진을 찍어 보내는 행사입니다. 할로윈 데이와 땅에서 떨어지는 사진과 연관성은 도저히 찾을 수 없지만, 행사 자체만으로 따지면 재미있을 것 같습니다.

　알림종이에서 다듬었으면 하는 점이 몇몇 보입니다. 하나는 학급 전체가 뛰어야 한다는 점입니다. 꼭 학급 전체가 아니라 몇몇이서 찍어도 좋겠다는 의견을 제가 냈습니다. 운영위원회에서 받아들여줬습니다. 다른 아쉬움은 사진을 찍어 담당교사인 저에게 보내라고 한 부분입니다. 하지만 학생들이 저에게 사진을 보낼 수 있는 방법이 없습니다. 그래서 제 전화번호와 이메일을 알려줬습니다. 저도 선생님들께 메시지

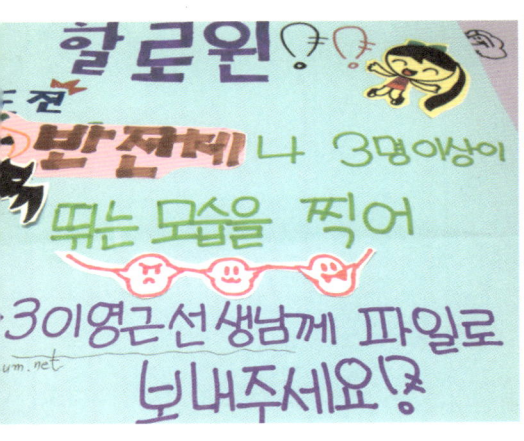

할로윈 데이 알림종이

학급 단체 점프

를 보내 학생들이 사진을 가져오면 저에게 메시지로 보내달라 부탁드렸습니다.

학생들이 친한 친구들끼리 사진을 찍습니다. 교실에서 찍기도 하고, 복도에서 찍기도 합니다. 운동장에서 찍기도 하고, 학교 옆 공원에서 찍기도 합니다. 누구에게 부탁하거나, 타이머를 설정하고서 찍습니다. 모두의 발이 땅에서 떨어지는 사진을 찍기 위해 몇 번을 시도하며 찍습니다. 이렇게 성공한 사진은 휴대폰이나 메일로, 또는 담임선생님께 부탁해서 저에게 보냅니다.

몇 개 반에서는 학생들 모두가 뛰는 사진을 찍기도 했습니다. 선생님이 바닥에 숙이거나 심지어 누워서 "하나, 둘, 셋"을 외치면 학생들은 모두가 하나 되어 뛰어오릅니다. 몇 번이고 뛰며 성공할 때까지 뜁니다. 담당교사인 저도 우리 반 학생들과 함께 뛰어오르는 사진을 찍습니다. 운영위원회에서 반짝 행사로 담당교사와 사전 협의도 없이 진행한 행사이지만, 덕분에 한 주 동안 여러 교실의 여러 학생이 즐거운 시간을 가졌습니다. 학생들의 끝없는 상상력이 가져다준 행복이었습니다.

전시회와 사진 선물로 마무리하기

생각보다 많은 사진이 모였습니다. 우리 학교자치회 행사의 공통점마냥 어떤 사진이 더 좋은지 따지지 않습니다. 한 장 한 장 모든 사진에 들어간 정성이 소중합니다. 보내온 사진을 어떻게 활용하는 게 좋을지

복도 모둠 점프

교실 모둠 점프

운동장 모둠 점프

전교어린이회의에서 이야기 나눕니다.

　사진을 활용하는 방안으로 처음에는 액자를 만들어주자는 의견이 나왔습니다. 사진으로 액자를 만들어 선물하면 좋기는 한데, 모두에게 선물하기에는 학생의 수와 비용이 만만치 않아 아쉽지만 할 수 없었습니다. 우선 보내온 사진은 모두 인화해서 전교어린이자치회 게시판에 전시하기로 했습니다. 사진을 컬러로 인쇄해서 곱게 잘라 전지에 붙입니다.

　자치회 행사 참가자에게는 늘 자그마한 선물이라도 줍니다. 사진 전시도 선물이 될 수 있기는 하지만, 그것으로는 노력에 견줘 모자라기에 조금 더 궁리하며 머리를 맞대었습니다. 우리가 선택한 방법은 '폴라로이드 사진'이었습니다. 사진을 보낸 모두에게 폴라로이드 사진을 찍어주기로 했습니다.

할로윈 사진 전시

폴라로이드 사진 선물

어린자치회 예산으로 폴라로이드 사진기와 필름을 샀습니다. 모둠으로 찍은 학생들과 학급으로 찍은 반을 따로 구분해서 사진기를 활용합니다. 먼저 모둠으로 찍은 학생들을 우리 반 교실로 부릅니다. 함께 찍은 학생들을 서게 하고는 학생 수만큼 사진을 뽑아서 줍니다. 폴라로이드 사진을 본 적이 드문 학생들이라 찍은 뒤 사진에 조금씩 드러나는 자기들의 모습을 신기해합니다. 학급이 함께 찍은 반은 폴라로이드 사진기와 필름을 교실로 보냅니다. 사용 방법이 낯설 수 있으니, 전교어린이자치회 운영위원회 학생에게 사용 방법을 알려줘 선생님께 전하도록 했습니다.

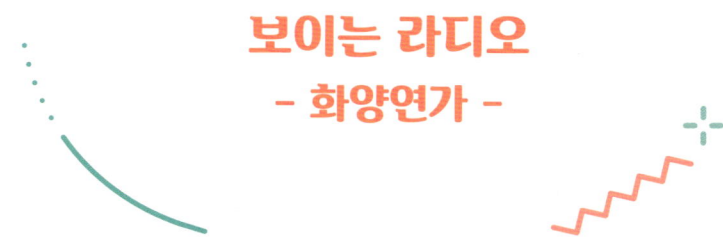

보이는 라디오
- 화양연가 -

라디오 방송

"선생님, 보이는 라디오 할 건데요."
"보이는 라디오? 재밌겠네."

어린이자치회에서 이번에는 보이는 라디오를 한다고 합니다. 사실 제 머리로는 어떤 모습일지 상상이 잘 되지 않습니다. 그렇지만 자기들이 말한 것은 해내는 모습을 보았기에, 믿고서 해보라고 했습니다. 저도 궁금합니다. '보이는 라디오'가 무엇인지, 또 어떻게 해낼지 말입니다. 그래서 묻지도 따지지도 않고 재밌겠다고 맞장구를 치며 해보라고 했습니다.

우리 학교는 전교어린이회에서 나왔던 건의로 수, 금요일 점심시간에 방송으로 노래를 틀어주고 있습니다. 하루에 세 곡을 틉니다. 수요

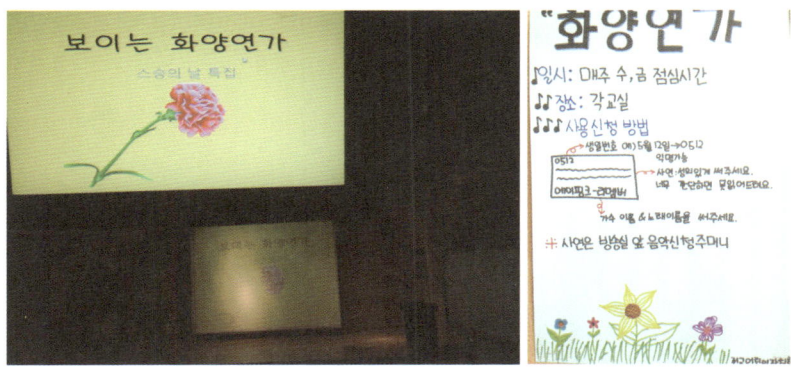

보이는 라디오   화양연가 알림종이

일에는 동요를, 금요일에는 가요를 틉니다. 특히 금요일에는 학생들 노래 신청도 받아서 진행합니다. 그래서 금요일 방송은 학생들에게 무척이나 인기가 많습니다. 자기들이 좋아하는 노래가 나오면 스피커 앞에 모여서 노래하고 춤추기도 합니다. 처음에는 학교 전체가 흔들거리는 느낌을 받을 만큼 시끄럽기도 했지만, 갈수록 안정을 찾아갔습니다.

　방송 이름도 몇 번 바뀌었습니다. 처음에는 아무 이름도 없던 것이, 반 년 정도 지나 새로운 자치회가 방송 이름을 '격한공감라디오'라 합니다. 줄여서 '격공라디오'로 자치회에서 방송을 운영합니다. 그 뒤 다른 자치회에서 '화양연가'라는 이름을 붙이고, 지금까지 그 이름으로 계속 방송하고 있습니다. 방송을 할 때, 진행자 알림말도 재미납니다. "인생에서 가장 아름답고 행복한 노래, 화양연가입니다." 라며 방송을 진행합니다.

　보이는 라디오의 시작은 '격공라디오'를 처음 진행하던 자치회에서 낸 기발한 생각입니다. 격공라디오 10번째 방송이라며, 그 기념으로 보이는 라디오를 하겠다고 합니다.

진행

'보이는 라디오? 어떻게 할까?'
제가 더 궁금합니다. 저 혼자 상상해보기도 합니다.
'보통 때 라디오를 방송실에서 하니, 장소는 방송실이겠지'. '보인다고 하니 진행자를 카메라로 찍고, 그걸 텔레비전으로 보여주지 않을까?' '라디오이니 텔레비전과 함께 보통 때처럼 스피커로도 나올 것 같은데.'
그러면서 아이들이 보여줄 상상력을 기대하며 기다려봅니다.
홍보부원들이 바쁩니다. 알림종이를 만들어 교실과 자치회 게시판으로 알립니다. 물론 방송으로도 안내합니다. 무대도 꾸민다며 우리 반 교실과 자치회실에 있는 미술 재료까지 써서 만들며 신났습니다. 누가 시키면 이렇게 할까 싶은 생각이 절로 듭니다. 시키지도 않았는데 일찍 와 늦게까지 준비한다고 머리를 맞대고 오리며 만듭니다.
'보이는 라디오'를 하는 장소부터 제 예상을 빗나갑니다. 방송실이 아닌 회의실(시청각실)에서 합니다. 왜 방송실에서 하지 않은지 물으니, 장소가 달라야 특별방송 느낌이 든다고 합니다. 행사는 점심시간을 이용합니다. 보통 때 라디오 방송의 장소와 방식만 바꾸고 요일과 시간은 그대로 살렸습니다.

행사 준비위원들은 점심도 먹지 않은 것처럼 일찍 와서 준비합니다. 무대를 확인하고, 방송 장비도 점검합니다. 방송실에 있던 화이트보드를 꺼내 무대 옆에 세워둡니다. 학생들이 앉을 의자도 무대 앞에서부터 깔아둡니다.

학생들이 오면, 준비위원회는 맡은 역할대로 움직입니다. 복도에서 입장하는 학생을 담당하는 역할, 회의실 문을 닫는 역할, 학생들이 자리에 제대로 앉도록 돕는 역할 따위로 나눠 움직입니다. 가장 많은 학생이 매달리는 곳은 역시 무대 옆 진행입니다. 무대 방송 조정실에도 몇 명이 자리 잡았습니다.

관객이 가득 찼고, 모든 준비는 끝났습니다. 회장과 부회장이 마이크를 잡습니다. 보통 때 방송은 방송부 아나운서 도움을 받는데, 보이는 라디오는 자치회의 힘으로 합니다. 인사말을 하는 사이, 다른 준비위원 학생들은 앉아 있는 학생들에게 희망곡을 받습니다. 손을 드는 학생들에게 포스트잇과 펜을 나눠줍니다. 받은 학생들은 희망곡을 써 흰 칠판에 붙입니다. 여기도 작은 재미가 보입니다. 희망곡을 쓸 때 학년, 반, 이름은 쓰지 않습니다. 이름 대신 전화번호 끝자리나 생일을 쓰게 합니다.

신청한 학생들의 사연 중에서 준비위원회가 골라 진행자에게 포스트잇을 넘깁니다. 진행자는 "9323님이 신청하셨네요." 하며 사연을 소개합니다. 담당교사인 저는 선물이라도 주게 이름도 쓰면 좋지 않을까 했고, 진행자가 번호 뒤에 이름을 써도 좋다고 했지만 하나같이 번호만

보이는 라디오 진행

희망곡 신청

사연 청취

쏩니다. 선물보다 재미를 택하는 아이들입니다. 그 뒤로는 포스트잇을 준비하지 않고 조금 더 쉽게 진행합니다. 사연이 있거나, 희망곡이 있는 학생은 손을 듭니다.

진행자가 무대에서 노래 신청을 받으면, 방송 조정실에서는 컴퓨터로 신청곡 뮤직비디오를 검색합니다. 검색해 찾은 뮤직비디오를 틀어 실시간으로 무대 화면에 띄웁니다. 무대 프로젝트로 화면 가득 나오는 뮤직비디오 영상을 보며, 신청자와 관객은 함께 손뼉 치며 노래합니다.

점심시간에 진행하니, 5교시 수업이 걱정입니다. 그렇지만 이런저런 행사를 해본 준비위원회 학생들은 즐거움에 빠지기만 하지 않고, 20분에 수업이 시작되면 13분 정도에 마칩니다. 한꺼번에 일반 학생들이 우르르 빠져나갑니다. 어수선한 행사장은 준비위원회에서 의자 정리와 회의실(시청각실) 정리, 준비했던 물건을 정리합니다. 준비에서 정리까지 모두 자치회의 몫입니다.

즐기던 일반 학생이 "선생님, 보이는 라디오 또 해요?" 하고 묻습니다. "자치회에서 하는 거라 난 잘 모르겠네." 하니, "하면 좋겠다." 합니다. 그 말에 "나도." 하며 맞장구를 칩니다.

아이들의 상상력과 실천력에 또 놀랐습니다.

하기 쉽고 참 재미있는 행사

"오늘은 스승의 날을 맞아 보이는 라디오를 합니다."

"오늘은 크리스마스를 맞아 보이는 라디오를 합니다."

"오늘은 세월호 추모 행사로 보이는 라디오를 합니다."

학기에 한 번은 '보이는 라디오'를 하는 학생들입니다. 그만큼 행사가 어렵지 않고도 즐겁습니다. 참가하는 학생이 많고, 반응이 뜨거우며, 준비와 진행도 어렵지 않습니다.

저도 '보이는 라디오'를 활용합니다. '어울림 잔치'를 할 때는 늘 '보이는 라디오'를 행사에 넣습니다. 진행도 자치회 운영위원회에게 맡깁니다. 저녁에 하는 '어울림 잔치'에서는 더 큰 소리로 노래하면서 춤까지 추는 학생이 많습니다. 학생들이 보여준 상상력은 저에게도 큰 도움이 되었습니다.

우리가 만드는 약속
- 어린이날 -

어린이날 행사

'어린이날 행사로 뭐가 좋을까?'

우리 학교에서는 어린이날에 공식적으로 선생님들이 학생들의 영상을 찍습니다. 노래를 하거나, 축하 인사를 하기도 합니다. 그렇지만 이와는 별개로 어린이자치회에서도 무엇인가를 하면 좋겠다고 생각했습니다. 그런데 5월 행사는 벌써 정해져 학생들이 추진하고 있습니다. 그래서 학생들에게 제 의견을 말하고 동의를 구했습니다.

"어린이날을 맞아 학생들이 정하는 약속을 만들었으면 하는데, 어떤가요?"

전교어린이회의에서 동의해줘 전체 다모임에서도 의견을 냈습니다. 학생들이 '우리가 정하는 약속'이 무엇인지를 잘 모른다고 하기에 자세하게 안내도 했습니다.

"'우리(학생)가 만드는 약속'은 이미 많은 학교에서 하고 있어요. 학생으로서 행복한 학교생활을 위해 필요한 약속을 정해서 발표하고, 그걸 지키려 애쓰는 거죠. 우리에게 필요한 약속, 우리 학생들이 지켰으면 하는 약속인 거죠. 그걸 우리들이 함께 만들었으면 해요."

학생들도 해보자고 했습니다.

생각 모으기

전교어린이회의를 하는 월요일에 다모임을 합니다. 다모임에서 '우리가 만드는 약속'에 관한 학생들의 자유로운 의견을 받습니다. 포스트잇을 활용한 브레인라이팅 기법을 씁니다. 포스트잇 세 장을 주고서 학교생활에 필요한 약속을 써달라고 했습니다. 영역을 알려줬습니다. '학습', '관계', '안전'으로 영역을 나눠 적어도 하나씩은 써달라고 했습니다. 포스트잇을 활용한 브레인라이팅 기법을 많이 쓰는 편인데, 이번에는 다른 때보다 꽤 오래 시간이 걸립니다. 진지하게 고민하고, 옆의 친구와 이야기 나누며 생각하는 모습이 참 보기 좋습니다.

학생들이 쓴 의견을 하나로 모읍니다. 모으는 건 간단합니다. 학년장이 다니며, 자기 학년 것을 하나로 모읍니다. 다 모은 것을 전교어린이회장이 걷어 보관합니다.

전교어린이회의에서 학생들 의견으로 '우리가 만드는 약속'을 만듭

생각 모으기

니다. 전교어린이자치회를 세 모둠으로 나눕니다. 모둠에서 '학습', '관계', '안전'의 영역을 하나씩 맡아 학생들이 낸 의견을 도화지에 모두 모읍니다. 많은 의견이 있지만, 겹치는 것도 있습니다. 이렇게 같은 것끼리 분류하며 그 수를 옆에 씁니다.

세 영역마다 약속을 세 개씩 정합니다. '수업'과 '관계' 모두 '선생님 말씀을 잘 듣는다'는 의견이 많이 나왔습니다. 그것을 '수업' 영역으로 모으고, '관계'에는 '자연과의 관계'를 하나 넣었습니다. 물론 이렇게 나온 '우리가 정하는 약속'이 완벽하지는 않습니다. 그렇지만 처음으로 학생들 스스로 만들었다는 것이 중요합니다.

우리가 만드는 약속

수업

1. 조용히 해야 할 때는 조용히 한다.
2. 참여해야 할 때는 열심히 참여한다.
3. 선생님 말씀을 집중해서 듣는다.

안전

1. 복도와 계단에서 천천히 다닌다.
2. 위험한 장난을 하지 않는다.
3. 안전한 장소에서 논다.

관계

1. 친구와 친하게 지낸다.
2. 부모님 말씀을 잘 듣는다.
3. 자연환경을 사랑한다.

알리기

전교어린이회의 때마다 회의 결과를 관리자에게 보여드립니다. 이번 회의 결과인 '우리가 만드는 약속'도 보여드렸습니다. 교장 선생님께

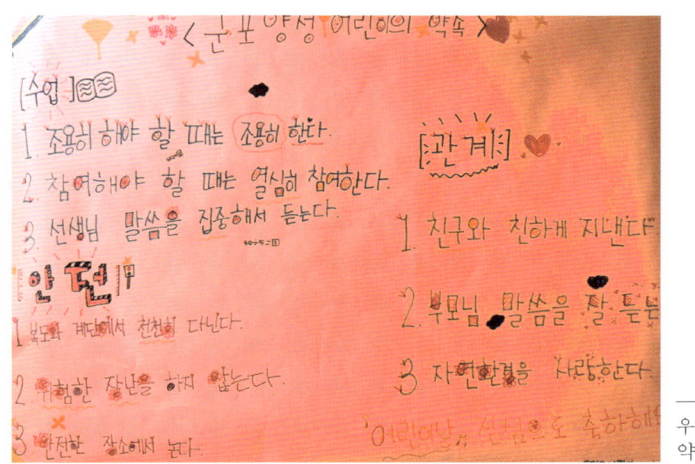

우리가 만드는
약속

서는 좋다며, '구호로 그치지 말고, 행동으로 옮기면 좋겠다'는 말씀을 해주셨습니다. 이제는 이 약속을 학생들에게 잘 알리고, 실천할 수 있도록 애쓰는 일만 남았습니다.

교직원에게는 학교 메시지로 알려드렸습니다. 학생에게는 학교 방송으로 알립니다. 어린이날 기념행사를 하는 날, 전교어린이자치회 회장이 '우리가 만드는 약속'을 발표했습니다.

게시판을 이용해서도 알립니다. 어린이자치회 홍보부원들이 '우리가 만드는 약속'을 큰 종이에 쓰고 꾸몄습니다. 두 장에 곱게 꾸며서는 어린이자치회 게시판 두 곳에 붙였습니다. 다른 게시물보다 이 약속은 오래 두고 볼 수 있게 됐습니다. 학교누리집(홈페이지)에도 올려 누구나 쉽게 볼 수 있도록 했습니다.

동영상으로 만들어서 학생들에게 안내도 했습니다. 학교에 동영상을 잘 만드는 선생님의 도움을 받았습니다. 사진에 배경음악을 넣어서 학생들이 쉽게 볼 수 있게 해달라는 제 부탁에, 선생님은 당신 반 학생들과 함께 영상을 찍었습니다. 학생들이 직접 연기한 영상을 보니, 재미가 쏠쏠했습니다. 영상 촬영에 협조해준 학생들에게도 학교 전체에 나오는 방송이 좋은 추억으로 남길 바랐습니다. 이 영상은 대토론회 때도 틀어 학부모님들께도 보였습니다.

아쉬운 점

모든 활동이 그렇듯, 이번 약속도 아쉬움이 있습니다. 발표할 때, 약속을 하나하나 읽으며 전달하는 데 그치고 말았습니다. 학생들에게 이 약속이 만들어지기까지의 과정을 안내했다면 더 좋았을 텐데 하는 생각도 들었습니다. 조금 더 긴 시간을 두고 만들었더라면 더 많은 학생의 생각을 모을 수 있었을 것입니다. 학생들과 함께 만든 약속이 완벽하지도 않습니다. 꼼꼼하게 챙기지 못한 담당교사의 탓입니다.

그래도 이런 노력이 있은 뒤 학교에서는 학부모, 교사의 약속도 있으면 하는 움직임이 있습니다.

선생님 사랑해요
- 스승의 날 -

뒤숭숭한 스승의 날

스승의 날이면 마음이 뒤숭숭합니다. 예전에 선물이나 촌지 같은 어른들의 잘못된 행동으로, 스승의 날이 부담스러운 게 사실입니다. 그러니 스승의 날을 없애자는 이야기도 나옵니다. 일부 학교에서는 학교장이 재량 휴일로 지정하기도 합니다. 학교에 나오건 나오지 않건 스승의 날엔 마음이 편치 않습니다.

스승의 날이 이렇게 무거워야만 할까요? 어린이날에 선생님이 학생들에게 축하하는 말을 하듯, 스승의 날에는 학생들이 선생님에게 축하하는 말을 하면 좋지 않을까요? 이런 마음으로 학생들과 함께 스승의 날 행사를 만들었습니다.

즐거운 스승의 날

'무엇이 좋을까?'

학교에서 어린이날이면 학년별로 선생님들께서 영상을 찍어 학생들을 축하합니다.

"우리도 스승의 날에 선생님들을 축하합시다."

제안부터 학생들이 하면 더 좋았겠지만, 담당교사인 제가 먼저 다모임에서 제안했습니다. 학생들은 좋다고 받아들였습니다. 자치회에서 낸 의견은 스승의 날 아침에 교문에서 선생님들께 인사하자는 것입니다. 선생님께 인사할 계획을 세웁니다. 도화지에 고마움을 담은 글자나 그림으로 꾸며서 인사하기로 했습니다. 모두가 도화지를 한 장씩 들고

스승의 날

서 인사하기로 했습니다. 그러면서 운영위원회에서 중요 글자(스승의 날 축하드려요)는 한 글자씩 나누고, 나머지 자치회 학생들은 마음껏 꾸미기로 했습니다.

제가 하나 더 제안합니다. 스승의 날을 맞아 고마움을 담은 현수막을 직접 만들어 달자고 했습니다. 학생들도 좋다고 했습니다. 무슨 글로 할까 의견을 나눴습니다. 여러 의견 중에서 우리가 결정한 글은, '선생님 사랑해요'입니다.

준비

다른 행사와 달리 이번 행사는 학생들이 모든 준비를 할 수는 없습니다. 제가 많은 부분을 도와야 합니다. 교문에 걸 것이니, 학교 관리자에게 행사 취지를 알리고 대답을 받습니다. 좋다며 잘해보라고 하십니다.

그런데 이번 행사는 저 또한 처음이라 준비하며 학교 여러분들께 도움을 얻습니다. 현수막으로 쓰기 위해 흰 천을 주문하려니, 행정실에 학교 플로터로 쓰는 흰 천이 있다고 합니다. 그래서 학교 플로터 담당 실무사님께 여쭸더니 사용 가능하다고 합니다. 교문에 걸 것이기 때문에, 교문 길이를 감안해서 천 길이도 척척 알아서 잘라줍니다.

실무사님과 함께 그 천을 가지고 학교 주무관께 찾아갔습니다. 현수막을 교문에 걸기 위해서는 천 끝을 정리해야 합니다. 전문가이신 주무관께서는 쓰고서 모아둔 현수막 중에서 나무막대를 두 개 꺼내더니, 천 끝에 넣어서 단단하게 묶어주었습니다. 글자를 매직펜으로 새겨야 하는데 천에 새길 때 바닥에 글자가 묻을 것 같아 천 아래에 받칠 신문도 구합니다.

    행정실에 가니 모아둔 신문이라며 가득 주었습니다. 다른 행사도 여러 분들의 도움을 받고는 하지만, 이번 행사는 특히 많은 분의 도움이 있어 가능했습니다.

진행

    모든 준비를 마쳤습니다. 자치회 다모임에 자치회 학생들을 모았습니다. 회장이 스승의 날 행사의 취지를 알리고 저도 설명을 보탭니다. 모두가 함께 현수막을 만듭니다. 천을 펼치고 아이들이 붙어서는 글과 그림으로 스승의 은혜에 고마운 마음을 새깁니다. 몇 번이고 정성껏 천천히 마음을 담자고 했습니다. 큰 글자(선생님 사랑해요)는 6학년들이 씁니다. 그 사이 공간에는 다른 학생들이 마음을 담습니다. 그런데 다모임을 점심시간에 하니, 이 시간만으로 다 채우기에는 턱없이 시간이 모자랍니다.

    다모임 시간으로 모자라는 부분은 운영위원회에서 채우기로 했습니다. 그런데 마침 금요일 저녁에 어울림 잔치가 있었습니다. 어울림 잔치 때 나머지를 마무리했습니다. 다모임에서 학생들이 쓴 내용을 보며 몇 가지 아쉬움이 있었는데, 어울림 잔치에서 그것을 보탰습니다. 학생

스승의 날 현수막 만들기

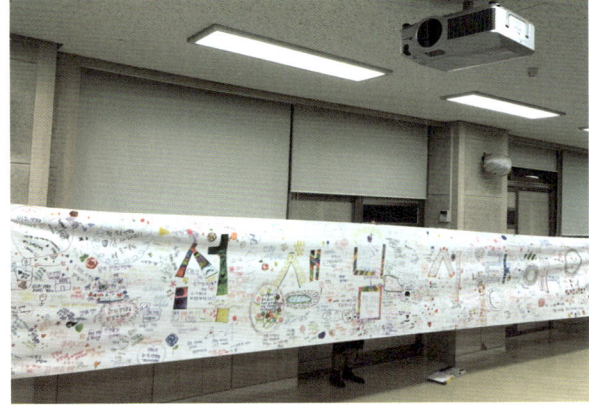

완성된 현수막

스승의 날 인사

들이 담임선생님에게 주로 쓰니, 저학년 선생님들에게 고마운 마음이 담긴 글이 많지 않습니다.(다모임은 4~6학년 위주) 저학년 선생님들을 담당하는 학생을 정합니다.

또 학생들이 놓치는 부분도 보입니다. 학교에는 선생님들뿐만 아니라 고마운 분이 많은데 말입니다. 그래서 선생님이 아닌 학교를 위해 함께하는 분들에게도 역할을 나눠 맡아 감사의 마음을 담을 수 있도록 했습니다. 이렇게 완성한 것을 펼쳐보며, 학생들은 무척이나 기뻐했습니다.

스승의 날은 월요일이었습니다. 월요일 아침에 스승의 날 축하 맞이 행사를 하니, 현수막을 달러 일요일 오전에 학교에 들렀습니다. 혼자서 할 수 없어 동료 체육 부장 선생님께 도움을 청해 둘이서 했습니다. 학교 교문 위에 달았는데, 길이를 맞춰 그런지 크기가 적당하니 좋습니다. 무엇보다 아이들의 글과 그림으로 새겨진 축하 인사가 바람에 날리니 뭉클합니다.

드디어 스승의 날 아침입니다. 어린이자치회 학생들이 정한 시각(08:10)에 맞춰 일찍 나왔습니다. 손에 자기들이 꾸민 도화지를 들고 교문 앞에 옆으로 섭니다. 우리 학교는 정문과 후문으로 선생님들이 등교하시기 때문에 두 곳으로 나눠서 섰습니다. 특히 정문으로 들어오시는 선생님들께서는 현수막 아래로 들어오며 놀랍니다. 학생들이 크게 축하하는 소리를 내니 쑥스러워하면서도 웃으며 좋아합니다.

소중한 처음

무엇이든 자리매김을 하려면, '처음'이 있어야 합니다. 처음의 '어설픔'이 있어야 합니다. 이번 행사도 그렇습니다. 처음 했기에 여러 면에서 아쉬웠습니다.

준비하는 시간이 턱없이 짧고 모자랐습니다. 시간이 모자라 자치회 학생들만 감사의 글을 새길 수 있었습니다. 조금 더 시간이 있었다면, 더 많은 학생이 선생님께 고마운 마음을 담을 수 있을 텐데 말입니다. 또한 학생들의 빛나는 상상력을 담는 데도 한계가 있었습니다. 정문에서 인사드리는 방법이나 현수막에도 조금 더 생각을 모았더라면 하는 아쉬움이 있습니다. 예를 들면 노래를 부르거나, 악기를 연주하거나, 이런저런 많은 모습이 가능했을 것 같습니다.

이런 아쉬움이 있었지만, 많은 선생님이 좋았다고 하셨습니다. 학생들도 다 만들어진 현수막을 보고 좋아했습니다. 걸려 있는 현수막을 본 학부모님들도 좋았다는 말을 전했습니다. 이렇게 짧은 시간에 행사를 진행할 수 있었던 것은 많은 사람이 함께했기 때문입니다. 학생들이 집중하며 만들었고, 주무관, 실무사님께서도 내 일로 여기며 도와주셨습니다. 체육 부장 선생님도 주말까지 나와 도와주신 덕분입니다. 교육이 함께할 때 더 빛날 수 있음을 몸으로 겪은 행사였습니다.

처음을 잘 열었기에 다음에 이 행사를 할 때는 조금 더 익숙하게 해 낼 수 있을 것 같습니다. 그것에 큰 의미를 둔 행사였습니다.

영화 상영
- 먹는 즐거움 보는 즐거움 -

영화 상영

"선생님, 영화를 보려고 합니다."

"어, 영화? 그거 재미있겠다. 그런데 아이들이 영화 끝날 때까지 보고 있을까?"

"보다가 가도 괜찮아요."

"하하하. 그래? 잘 준비해보렴."

어린이자치회에 관심을 가진 임원들은, 어린이자치회 운영위원들은 온통 '무엇을 하며 놀까?', '무엇을 하면 더 즐거울까?' 하는 생각만 하는 것 같습니다. 처음에는 '어떻게 놀아요?' 망설이던 아이들 모습이 이렇게 금세 바뀝니다. 그러면서 자기들이 좋아하는 것을 학교에서 해보려 합니다. 그중 영화 또한 아이들이 무척 좋아하는 것이니 당연히 보

 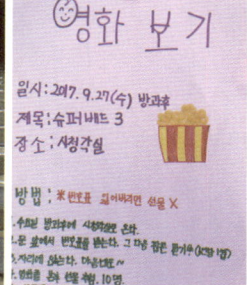 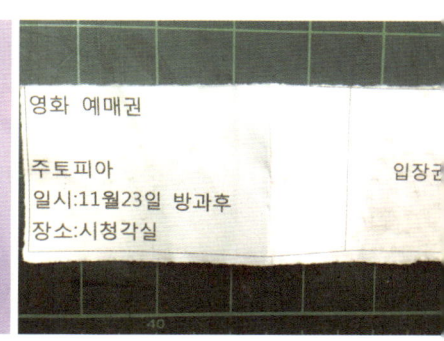

영화 상영 준비   영화 상영 알림종이   영화표

려 합니다. 행사 하나를 하려면 준비할 게 많은데, 처음에는 그 일을 번거로워하고 힘들어하던 아이들도 자기들이 만든 행사에는 즐겁게 참여하는 모습을 보입니다.

준비

영화를 보기로 한 운영위원회는 행사 준비위원회로 바뀌면서 준비로 바쁩니다. 먼저 영화 상영을 홍보합니다. 영화를 상영하는 곳(회의실 혹은 시청각실)과 때(수요일 오후, 방과 후), 그리고 영화 제목(전체 관람가의 영화, 학생자치회에서 선정)을 중심으로 알립니다. 알림종이를 만들어 자치회 게시판에 붙이고, 교실에도 나눕니다. 학교 방송으로도 알립니다.

영화 상영하는 곳은 교실 두 칸 크기입니다. 다른 행사는 의자 없이 할 수 있어 참가자 수를 제한하지 않지만, 영화는 의자를 놓고 편하게 보아야 하기에 학생 수를 제한할 수밖에 없습니다.

학생 수를 제한하는 방식으로 두 가지가 있습니다. 쉽게 할 수 있는 방법은 선착순입니다. 먼저 온 학생들이 의자에 앉아서 봅니다. 준비한 의자가 다 차면 더 이상 받지 않거나, 입석으로 일정 수를 더 받기도 합니다. 다른 방법은 사전 예약을 받아, 영화 상영 행사에 참가할 학생을 정하는 것입니다. 이때는 어린이자치회에서 영화표를 만들었습니다. 사전 예약한 학생들이 오면, 그 자리에서 영화표를 나눠줍니다. 영화표에는 영화관처럼 자기 자리가 번호로 있습니다. 사전에 준비위원회에서 영화 보는 의자 뒤에 번호표를 붙여둬 그 자리에 앉아서 보게 했습니다. 그때 학생들의 상상력과 실천력에 깜짝 놀랐던 기억이 납니다.

진행

영화를 상영하는 날입니다. 아침에 다시 한번 방송으로 알립니다. 저도 학교 메시지로 선생님들께 안내를 부탁드립니다. 어린이자치회 준비위원회는 점심시간에 영화 상영하는 곳에 모여 준비를 시작합니다. 의자를 놓고, 스크린을 내리고, 방송 장비를 확인합니다. 컴퓨터를 켜고 준비한 영화가 제대로 나오는지도 확인합니다. 모든 준비를 마치고는 5교시 수업을 하러 교실로 갑니다.

5교시 수업을 하다가, 어린이자치회 준비위원회는 20분 정도 먼저 와서 행사를 준비합니다. 자치회 조끼를 입고, 미리 나눈 역할대로 움

방송 확인

팝콘 준비

팝콘 나눔

직입니다. 상영관 앞에서 줄을 세우고 표를 나눠주는 학생, 들어온 학생을 앞에서부터 제자리에 앉히는 학생, 영화 상영에 필요한 장비를 확인하는 학생, 실내 밝기와 환기를 담당하는 학생으로 나눠져 움직입니다. 이때 담당교사인 저는 우리 반 수업이 있어 가보지도 못하지만, 학생들은 척척 알아서 합니다.

 이번 행사의 꽃은 영화이지만, 영화를 볼 때 아이들에게는 다른 즐거움이 떠오릅니다. 다름 아닌 먹는 즐거움입니다. 실제로 아이들에게는 영화관에 가서 팝콘에 음료를 먹고 마시는 즐거움이 무척 큽니다. 이런 즐거움을 위해 어린이자치회에서는 팝콘을 준비합니다. 자치회실에는 팝콘을 튀길 수 있는 기계와 함께 팝콘 재료가 있습니다. 보통 때 운영위원회 학생들이 구워먹으며 회의를 하기도 하는데, 이 팝콘을 영화 보러 오는 학생들에게 무료로 나눠줍니다. 이때 학생들이 만든 알림종이가 재미있습니다. '팝콘과 함께 마실 음료수는 제공하지 않으니, 마시고 싶은 학생은 직접 가지고와야 한다'고 합니다.

 팝콘은 미리 만들어서 주기도 하고, 그 자리에서 만들어 주기도 했습니다. 미리 만들어서 줄 때는 자치회 학생들이 점심시간에 팝콘을 만들어뒀다가 영화 상영할 때 들어가며 한 컵씩 가져가게 했습니다. 영화 상영하는 자리에서 직접 튀겨서 줄 때도 재미있습니다. 영화 상영하는 곳 뒤에서 직접 튀겨 바로바로 학생들에게 팝콘을 나눠줍니다. 상영관이 고소한 냄새가 가득한 영화관으로 바뀝니다. 아이들이 한 손에 팝콘을 들고서 먹으며 영화 보는 모습이 재미있습니다.

돌발 사고에 대처하기

영화가 갑자기 끊겼다. "선생님, 영화가 끊겼어요." 하며 자치회 준비위원이 나를 부른다. 영화를 상영하다가 갑자기 끊길 수도 있다. 파일 문제일 수도 있고, 컴퓨터 문제일 수도 있다. 상황에 대처하는 동안 영화가 끊기니 학생들이 어수선하다. "회장, 잠시 학생들과 놀이 좀 해보지." 하니, "네." 하고는 마이크를 잡는다. 그러더니 다모임에서 하던 전체 가위바위보를 하며 시간을 보낸다. 그 사이 영화를 다시 볼 수 있게 조치했고, 어수선하지 않게 영화를 볼 수 있었다.

마치며

영화를 보러온 학생들에게 영화표를 줍니다. 이런 표는 자리를 찾아 앉는 데 쓰기도 하지만, 자그마한 선물을 줄 때도 필요합니다. 영화 상영을 마치고, 번호를 뽑아 경품으로 자그마한 선물을 줍니다. 선물이 있다고 미리 알립니다. 선물은 되도록 영화를 끝까지 볼 수 있도록 이끄는 구실을 합니다. 선물은 10명 정도에게 주며, 담당교사인 제가 준비합니다.

영화 상영을 마쳤다고 연락이 옵니다. 가봅니다. 어린이자치회 행사를 마칠 때면 학생들에게 놀라면서도 고마운 모습을 봅니다. 학생들은 스스로 펼쳤던 의자를 다 모아 원래 자리에 둡니다. 바닥에 떨어진 팝

영화 관람하는 아이들　　　　　　　　　추첨 경품

콘은 쓸어 깨끗하게 합니다. 팝콘 튀기는 도구를 깨끗하게 씻어둡니다. 어두운 곳에 가득 찼던 학생들이 빠지고 창문을 열어 환한 공간이 휑하게 느껴지기까지 합니다. 행사 때면 늘 이렇게 스스로 정리하는 모습이 우리 학교 어린이자치회의 전통이기도 합니다.

　이 행사에서도 아쉬움은 있습니다. 자치회에서 팝콘을 튀겨 학생들에게 줄 때 종이컵을 씁니다. 종이컵을 많이 쓰니 환경을 생각하면 마음 한구석이 불편합니다. 그렇다고 다른 방법을 찾기가 쉽지 않습니다. 어린이자치회실에는 종이컵을 쓰지 않으려 스테인리스 컵을 둡니다. 그 컵을 쓰기도 하는데, 참가 학생 수에는 모자라니 종이컵을 쓸 수밖에 없었습니다.

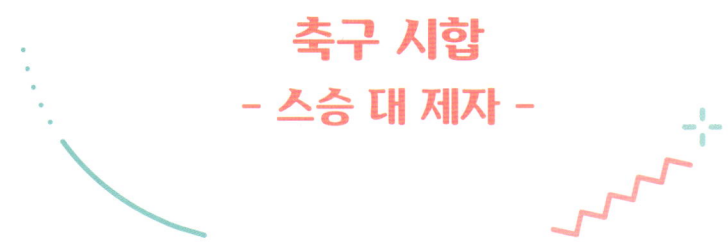

축구 시합
- 스승 대 제자 -

번뜩 떠오른 아이디어

"선생님, 우리 학생들하고 축구 한 판할까요?"

남자 교사 회식 자리에서 나온 말입니다.

"정말요? 그거 좋죠."

"나도 젊을 때 축구 많이 했고 축구 심판 자격증도 있어요." 하며 교장 선생님도 자신감을 보입니다. 다른 선생님들도 학생들과 하면 충분히 이길 수 있다고 합니다.

남자 교사와 학생들의 축구 시합은 중등에서는 꽤 하지만, 초등에서는 들어보지 못했습니다. 생각하지 못한 것을 하자고 하니, 담당교사인 저는 눈이 번쩍 뜨입니다. 이 행사가 학교에 새로운 즐거움을 줄 것 같아 벌써 기분이 좋습니다.

스승과 제자 축구

구경하는 학생들

준비

축구를 진행하려니, 선수 수가 문제입니다. 어느 학교든 남자 교사가 적으니까요. 우리 학교에서 선수로 뛸 수 있는 사람을 헤아려봅니다. 행정실, 육상부 코치까지 보태니 10명이 됩니다. 후보 1명 없이 모두가 다 선수입니다. 어렵게 선생님들로 한 팀을 꾸렸습니다. 반면, 학생 대표는 쉽게 뽑았습니다. 6학년 체육 수업을 맡은 선생님께서 학생들을 선발했습니다. 선발이라기보다는 학생들이 스스로 선수를 꾸려 나왔습니다.

"오늘 어린이자치회에서 선생님과 남학생의 축구 시합을 진행합니다. 점심시간에 운동장에서 하니, 선생님들과 학생들은 많이 나와서 구경하며 응원 부탁드립니다." 하며 어린이자치회에서 방송으로 행사를 안내합니다. 일반 학생들에게는 미안하지만, 그날만큼은 점심시간 운동장을 축구 시합용으로 씁니다.

점심시간에 20분(12:50~13:10) 동안 경기하기로 했습니다. 점심을 먹고 참가하는 학생과 선생님들이 운동장에 모여 몸을 풉니다. 일반 학생과 선생님들도 구경하러 나와 스탠드를 채웁니다. 선생님과 학생 팀은 빛깔이 다른 조끼를 입고, 운동장 가운데에 서로 마주 보며 섰습니다. 심판이 가운데에 서 인사를 시킵니다. 심판은 교무부장님이 보십니다.

진행

심판의 호루라기로 시작을 알립니다. 경기는 치열합니다. 경기 전에는 '우리가 좀 봐줄까?' 하던 선생님들이 시합에 들어가니, 그 말은 온데간데없이 모두가 열심입니다. 학생들도 마찬가지입니다. 선생님들께 지고 싶은 마음이 없습니다. 시간이 꽤 흘러도 골이 잘 나지 않습니다.

시합 중

시합 종료

학생들이 만든 좋은 찬스는 골키퍼를 보는 육상 코치의 몸을 사리지 않은 투혼에 막힙니다. 선생님들이 만든 좋은 찬스는 공이 아닌 허공을 차는 선생님의 모습에 큰 웃음을 선사하는 데 그칩니다. 몇 분 남지 않았는데도 스코어는 0:0입니다.

이대로 끝나는가 싶을 때, 교장 선생님이 골키퍼와 1 대 1 찬스를 맞았습니다. 젊을 때 축구 좀 했다는 말이 사실이었습니다. 절묘하게 찬 공이 골이 됩니다. 1:0으로 선생님 편이 앞섰습니다. 학생들이 남은 시간 온 힘을 다해 공격합니다. 스탠드에 모인 학생들도 힘차게 응원합니다. 하지만 골은 들어가지 않습니다. 그렇게 축구 시합이 끝났습니다.

마치며

멋진 승부를 펼친 선생님과 학생들이 다시 운동장 가운데에 모였습니다. 최선을 다한 학생들을 선생님들이 격려합니다. 학생들도 진 아쉬움이 있지만, 표정은 밝습니다. 재미있게 잘 놀았다는 얼굴입니다. 악수를 하고는 다 같이 사진을 한 장 남깁니다. 파란 하늘 아래 땀을 흠뻑 흘린 선생님과 학생들 모습이 멋지게 어우러진 모습입니다.

해마다 한 판씩 하는 정기 행사로 만들고 싶었는데, 다음 해에 학교 공사로 하지 못한 아쉬움이 있습니다. 학교 공사를 마치는 다음 해에는 다시 이 행사를 꾸준하게 이어가면 좋겠다는 바람을 갖습니다.

송편 만들기
- 추석 맞이 -

익반죽 송편 아이디어

"전교생이 함께 송편을 만들어 먹어보지?"

"응? 송편을? 그게 될까?"

"익반죽이면 될 것 같은데."

같이 선생하는 아내가 해준 말에 '그럼 해볼까?' 하는 생각을 갖습니다. 생각을 가지면, 그것을 행동으로 옮기는 것은 어렵지 않습니다. 그 뒤는 '어떻게 할 것인지?' 궁리하고 그것을 그냥 하면 됩니다. 자치회에 의견을 물으니, 학생들도 좋다고 합니다.

추석이면 우리 반에서는 송편을 만들고는 했습니다. 송편을 만들 때 재료는 학교 학급운영비로 하기도 하지만, 보통은 학생들이 가져온 쌀로 합니다. 학생들이 한 컵씩 가져온 쌀을 방앗간에 맡기며, 익반죽으로 부탁합니다. 보통 송편 만들 때 반죽은 익은 상태가 아니라, 소를 넣고 쪄야 합니다. 그러나 익반죽은 찔 필요가 없습니다. 반죽 자체가 바로 먹어도 되는 찐 떡 상태입니다. 소만 넣고서 바로 빚어 그 자리에서 먹으면 됩니다.

준비

학교자치회에서 행사로 하니, 쌀을 걷지 않습니다. 방앗간 쌀로 익반죽한 걸 바로 삽니다. 예산은 자치회 운영비로 하면 됩니다. 이번에는 바자회 때 학생들이 빵과 토스트를 팔아서 벌어둔 돈을 여기에 씁니다.

자치회에서 추석맞이 행사를 안내합니다. 방송과 알림종이로 알립니다. 천여 명이 되는 학생들이 함께하기에는 학교 여건이 알맞지 않습

준비

송편 만들기

니다. 저학년과 고학년으로 나눠서 추석 전에 두 번 하기로 합니다. 장소는 늘 행사하는 회의실(시청각실)에서 하는데, 학교 행사가 미리 잡혀 있어, 하루는 어린이자치회실에서 하기로 했습니다.

하루 전날 방앗간에 찾아가 정확한 시각과 학생 수를 고려해 양을 정했습니다. 한 번에 한 말씩을 합니다. 익반죽을 나눠 담을 때 여러 봉지로 나눠달라고 부탁했습니다. 반죽이 하나로 크게 오면 손으로 떼서 빚기 힘들지만, 20개 정도의 봉지로 나눠 담으면 학년별로 나눠서 빚기가 편합니다. 소도 함께 부탁했습니다. 떡 양에 알맞은 양으로 달라고 부탁했습니다. 또 챙길 게 있습니다. 떡 만들 접시와 소를 담을 작은 그릇, 소를 뜰 수 있는 작은 숟가락(아이스크림 숟가락)을 준비합니다. 이런 것은 제가 준비하기로 했습니다.

진행

행사는 점심시간에 합니다. 12시쯤 방앗간에서 떡을 가지고 왔습니다. 떡이 너무 뜨거워 식도록 묶여 있는 비닐봉지를 풀어 열어둡니다. 첫날은 저학년입니다. 1, 2, 3학년이 각기 다른 곳에서 하도록 넓은 책상 세 개를 폅니다. 책상 하나가 학생용 책상으로 세 개 정도 되는 넓이입니다.

학년별 책상에 떡 봉지 여러 개와 소를 나눠담습니다. 자치회 조끼를 입은 준비위원회 학생들도 자리를 잡고 섭니다. 학년마다 3명 이상

송편 만드는 아이들 　　　　　아이들이 빚은 송편

붙어서 진행합니다. 준비위원회 학생들이 먼저 하나씩 만들어 먹게 합니다. 일하는 즐거움입니다. 행사하는 곳 문 앞에서는 안내하는 학생도 있습니다. 오는 학생에게 해당 학년의 위치를 알려줍니다.

　학생들은 자기 학년 책상으로 가서 송편을 빚습니다. 한 사람이 두 개씩 빚을 수 있습니다. 송편을 빚은 학생들은 그 자리에서 먹거나 챙겨서 갑니다. 뒤에 들었는데, 학생들은 담임선생님이나 전담선생님께도 송편을 드렸다고 합니다. 문자로 송편을 먹고 추석 분위기가 났다면서 고마움을 전해줘 저도 알았습니다.

　행사는 점심시간 마치기 10분 전까지 합니다. 학생들 발길이 드물면 자치회 학생들도 남은 것으로 만들어서 먹거나 챙깁니다. 아울러 둘째 날에는 자치회 학생들과 송편을 만들어 학교에 고마운 분(교무실, 행정실, 급식실, 청소실)들에게 가져다드렸습니다. 행사를 마친 뒤 그릇과 작은 숟가락을 씻고, 챙겼던 책상은 원래 자리에 둡니다. 아이들 얼굴에 즐거움이 가득합니다.

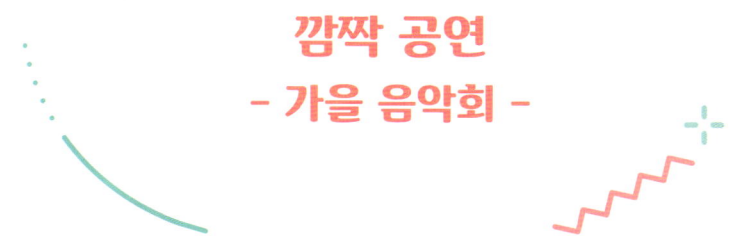

깜짝 공연
- 가을 음악회 -

가을 하늘 아래의 공연

　장기자랑을 하는데, 유난히 돋보이는 여학생이 있습니다. 춤을 추는데, 초등학생 수준에서는 탁월합니다. "공연 한번 해볼래?" 하고 물었더니, 생각해본다고 합니다. 며칠 뒤, "선생님, 공연 한번 해보고 싶어요." 합니다. "그래, 그러자." 하고서는 어떻게 엮을지 궁리합니다. 전교어린이자치회 운영진과도 이야기 나누고서 결정했습니다.

　마침 계절이 하늘 맑은 가을입니다. 가을 하늘 아래에서 공연하는 것은 어떨까, 하는 말에 좋다고 했습니다. 그래서 이름하여 '가을 음악회'가 붙었습니다. 춤은 운동장에서 출 수 있을 것 같습니다. 춤으로 한 번 하고 말 것이 아니라, 학교에 있는 합창부와 리코더부 공연도 함께 하면 좋겠다고 합니다.

가을 음악회 춤 동아리

춤추는 학생들을 불렀습니다. 운동장 가운데에서 춤을 춘다는 말에 처음에는 말도 안 된다는 반응이었습니다. 새로운 시도이고, 훨씬 더 많은 학생이 볼 것이라며 꼬드겼습니다. 머릿속에 상상한 그림이 나쁘지 않은지 학생들도 해보겠다고 합니다.

이렇게 새로운 행사가 열리게 되었습니다.

준비

이번 공연은 정말이지 깜짝 행사입니다. 깜짝 행사이니 더 철저하게 준비해야 합니다. 춤을 출 곳은 운동장 가운데로 합니다. 춤에는 반드시 음악이 있어야 합니다. 가지고 나갈 수 있는 스피커도 생각했지만,

그것보다는 방송실에서 운동장으로 소리를 내보내는 학교 전체 스피커를 쓰는 게 훨씬 더 효과가 클 것 같습니다. 그래서 방송실 학생들과도 연락하여 춤출 음악을 사전에 확인하며 협조를 얻습니다.

점심을 먹고 학생들이 운동장으로 나옵니다. 운동장 가운데에서는 축구를 하고, 학교 건물 가까이에서는 피구를 하며, 놀이터에서는 저학년 학생들이 모래 놀이며 놀이기구를 즐기며 놉니다. 잡기 놀이로 운동장을 가로질러 다니는 학생도 많습니다. 자치회 학생들이 운동장 가운데로 나갑니다. 그리고는 원을 그려 공간을 만듭니다.

"안녕하세요. 오늘 전교어린이자치회에서는 가을 음악회를 깜짝 공연으로 합니다. 그 첫날로 운동장에서 우리 학교 춤 동아리 학생들의 춤 공연이 있겠습니다. 운동장에서 놀고 있는 많은 학생의 관심 부탁드립니다."

진행

춤출 학생들이 자치회에서 만든 원 안으로 들어갑니다. 이 학생들을 아는 남학생들이 "뭐야?" 하며 모여듭니다. 춤추는 학생들이 첫 동작을 잡고 서있습니다. 쑥스러워하는 학생도 있고, 당당하게 자세를 취하는 학생도 있습니다. 곧 음악이 나오고, 학생들이 몸을 흔듭니다.

"와!" 하는 소리가 절로 나옵니다.

뭐지, 하며 먼발치에서 보던 학생들도 가까이로 모입니다. 금세 운동장에서 놀던 대부분 학생이 춤추는 터 앞으로 모였습니다. 구경하는 학생 수가 늘어나자, 춤추는 학생들도 동작이 더 커지고 신나합니다. 신나는 음악에 맞춰 추는 춤을 보는 구경꾼도 함께 동작을 따라 합니다. 유난히 맑은 가을 하늘 아래 보기 좋은 장면이 연출되었습니다. 한 곡을 마치고는 언제 그랬냐는 듯이 공연이 끝났고, 모였던 학생들은 이전에 놀던 모습으로 돌아갑니다.

다음 날에는 점심시간에 회의실(시청각실)에서 깜짝 공연 2탄을 합니다. 학교 합창단과 리코더부가 공연을 합니다. 자치회에서 담당 선생님께 찾아가 부탁을 드려 허락을 받았습니다. 점심시간에 방송으로 깜짝 공연을 알리니, 이번에도 공연장이 꽉 찰 만큼 많은 학생이 모였습니다. 담당 선생님께서도 직접 오셔서 학생들 공연 준비에서 공연까지 봐주셨습니다. 합창과 리코더 공연에도 큰 박수가 있었습니다. 공연을 보

리코더부

합창단

기 위한 준비(의자, 음향, 무대)와 정리는 전교어린이자치회 학생들이 책임지고 했습니다.

가을 음악회 참가 학생들에게는 추억으로 남았으면 하는 바람으로 선물을 하나씩 했습니다.

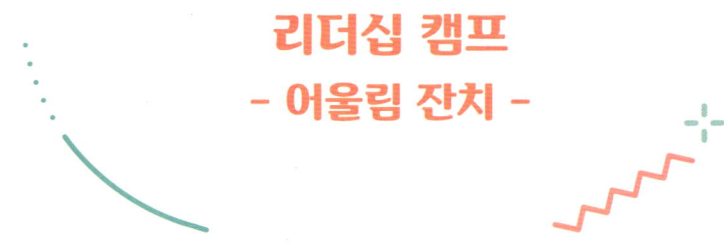
리더십 캠프
- 어울림 잔치 -

어울림 잔치란?

　전교어린이자치회가 꾸려지면, 한 달 정도 지나고서 '어울림 잔치'를 합니다. 보통 리더십 캠프라는 이름으로 자치회 일꾼들이 모여서 하는 활동인데, 우리 학교에서는 우리말로 바꿔서 부르고 있습니다. 리더십 관련 특강이나 공동체 놀이로 임원으로서의 자질과 낯선 아이 간의 친목을 쌓습니다. 우리 학교에서도 처음에는 이 행사를 '리더십 캠프'라는 이름으로 토요일에 따로 시간을 내어서 했습니다. 리더십 관련 강사와 협력놀이 전문가를 강사로 모셔서 했습니다.
　처음 이 행사를 진행하고서, '이렇게 할 필요가 있을까?' 하는 생각이 들었습니다. 주말에 따로 시간을 내어서 하기보다 금요일에 해도 괜찮겠다는 생각이 들었습니다. 무엇보다 강사를 모셔서 할 필요가 없을

어울림 잔치

것 같다는 생각이 들었습니다. 물론 전문 강사의 강의가 질적으로는 좋지만, 이 시기(학기 초)에 필요한 것은 어린이자치회 학생들이 함께 어울리는 시간입니다. 꼭 전문 강사가 아니더라도 학생들끼리 함께하는 시간을 주면 충분할 것 같습니다.

준비

1학기에는 4월, 2학기에는 9월에 어울림 잔치를 하는 것이 좋습니다. 자치회 틀이 어느 정도 잡힐 때이면서 행사도 하나 정도 마친 상태이지만, 아직 서로 잘 몰라 서먹할 때입니다. 행사하는 날은 보통 금요일로 합니다. 금요일 늦게까지 놀고 주말에는 행복한 마음을 가득 안고 푹 쉽니다. 행사는 오후 5시에 시작해 9시에 마칩니다.

어울림 잔치 참가 대상은 4~6학년 전교어린이자치회 임원입니다.

어울림 잔치 참가는 의무사항이 아닙니다. 희망하는 학생이 신청서를 내고 참가합니다. 조금 더 많은 학생이 참가하도록 학기 초에 미리 어울림 잔치 날짜를 정해서 알려줍니다.

담당교사인 저는 안내장을 포함한 계획서를 만들어 기안합니다. 결재가 나면, 다모임을 열어 어울림 잔치를 알리고 신청서를 나눠줍니다. 함께할 임원들은 신청서에 참가 희망을 표시하고, 개인·학부모 연락처를 써냅니다. 신청한 학생 수를 파악해 그보다 조금 여유 있게 기념품(수첩, 물통 따위)과 간식(빵과 음료)을 준비합니다.

어울림 잔치가 있는 주초에 참가 학생들을 따로 모아 다모임을 합니다. 모인 학생들을 대상으로 4~6학년이 골고루 섞이게 모둠(30명이면 5개 모둠)을 꾸립니다. 전교회장단과 학년장이 모둠장이 되도록 하며, 반을 기준으로 모둠을 짭니다. 모둠은 어울림 잔치하는 날 저녁 음식을 준비합니다. 저녁으로 해먹을 준비물을 나눕니다.

진행

어울림 잔치가 있는 날, 수업을 마치고 집에 갔던 학생들은 저녁에 준비물을 들고서 부푼 가슴으로 다시 학교에 옵니다. 웃음 가득 즐거운 모습만으로도 이번 행사는 잘 될 것 같습니다. 먼저 온 학생들은 운동장에서 삼삼오오 어울려서 놉니다.

▶ 안내장 일부 ◀

학부모님, 안녕하십니까?

언제나 우리 아이들의 '행복한 학교생활과 더 나은 군포양정초등학교의 발전'을 위해 학부모님께서 보내주시는 아낌없는 관심과 성원에 고마운 마음을 전합니다.

20**학년도 제*학기 전교어린이자치회 임원들이 학생 투표로 당선되어 활동하고 있습니다. 전교어린이자치회 임원들은 군포양정 어린이들의 행복한 학교생활을 위해 여러 활동을 하고 있습니다. 이에 함께 힘을 모으는 전교어린이자치회가 되기 위한 시간을 갖습니다. 함께 밥 해 먹고, 공동체 놀이하며, 이야기 나누는 시간을 갖습니다. 이 시간이 '전교어린이회 어울림 잔치'입니다.

금요일 오후에 시작해 밤에 마치는 일정입니다. 바쁜 학생들이지만 가능한 한 참여할 수 있도록 배려를 부탁드리며, 함께하는 시간 동안 안전하고 즐거운 시간이 되도록 잘 준비하겠습니다.

고맙습니다.

어울림 잔치

⊙ 여는 날: 20**년 *월 **일(금) 17:00~21:00
⊙ 여는 곳: 운동장, 본관 3층 시청각실
⊙ 준비물: 모둠별 저녁 밥 해먹을 준비물(모둠별로 나눠서 결정)
⊙ 학교에서는 참가 학생들에게 줄 기념품을 준비합니다.
⊙ 어울림 잔치 시간 계획

날짜	시간	장소	진행 교사	내용
20**. **.**. (금)	17:00~ 18:20	운동장 스탠드	본교 이영근 선생님 (어린이자치회)	• 인원 확인 • 운동장 놀이 • 저녁 밥 해먹기(모둠)
	18:30~ 20:20	시청각실		• 실내 놀이 • 자치회 주관 단합 행사
	20:30~ 21:00			• 전교어린이회 활동을 위한 이야기 나누기 • 귀가

1. 모둠별로 다른 빛깔 조끼 입기

운동장에서 노는 학생 수가 조금 늘었다 싶으면, 모둠장을 부릅니다. 모둠장을 불러서는 어린이자치회에서 보관하고 있던 조끼를 나눠 줍니다. 모둠마다 다른 빛깔의 조끼입니다. 조끼 빛깔로 모둠 이름을 정합니다.(바나나, 메론, 오렌지, 포도, 블루베리 등) 우리 학교 어린이자치회는 여섯 종류의 서로 다른 빛깔의 조끼가 있습니다. 모둠별로 다른 조끼를 입으면 많은 학생을 지도하기에 훨씬 수월합니다. 특히 모둠이 함께하는 활동을 할 때, 모둠별로 같은 빛깔로 구분이 가능하니 좋습니다.

2. 어울림 잔치

어울림 잔치 때 하는 프로그램은 늘 고민입니다. 우리 학교에서는 담당교사인 제가 짜는 것과 학생자치회에서 짜는 것으로 나뉩니다. 제가 낮 시간 놀이를 맡고, 학생들에게는 밤 시간 놀이를 맡깁니다. 제가 만들든, 학생들이 만들든 프로그램은 미리 확정해서 학생들에게 알려줍니다. 다만 그 시간을 정확하게 고정하지는 않습니다. 프로그램의 흐름만 알려주고, 학생들의 반응을 보며 그 시간을 적절하게 조절합니다.

1) 열기

참가한 학생들을 모두 운동장에 모이게 합니다. 모둠으로 줄을 섭니다. 모둠의 맨 앞에는 모둠장이 섭니다. 모둠장은 모둠원들이 다 왔는지 확인해서 저에게 알려줍니다. 모두가 모이면, 여는 식을 아주 간단하게 합니다. 여는 식은 '회장 인사말'과 '담당교사 이야기'뿐입니다. 회장이 인사말을 간단하게 하고, 담당교사인 제가 일정과 주의할 것을 알립니다.

2) 운동장 프로그램

아래 여러 운동 프로그램 중에서 몇 가지를 조금 하고서 음식을 만듭니다.

- 피구

학생들을 두 팀으로 나눠 피구를 합니다. 승패에 따른 어떤 보상도 없습니다. 그냥 잔치 분위기를 더 즐겁게 하기 위해서 합니다. 이렇게 어울려 놀며, 낯설던 학생들이 조금씩 가까워지길 바라는 정도입니다. 학생들 웃음소리가 운동장 가득 합니다.

회장 인사   피구

• 가로세로 달리기

　모둠을 활용할 수 있는 놀이입니다. 모둠이 입은 옷 빛깔(가로)과 줄 번호(세로)로 구분해서 달리는 놀이입니다. 아이들이 좋아하면서도 운동량이 무척이나 많습니다. 아이들은 금세 땀을 뻘뻘 흘리며 흠뻑 젖습니다. 이렇게 운동하며 "배고파요." 하는 소리가 나길 바랍니다.

가로세로 달리기

가로 : 빨강, 주황, 노랑, 초록, 파랑(팀 조끼)

세로 : 1, 2, 3, 4, 5

빛깔을 말하면 그 빛깔 학생들이 뛴다. "빨강" 하면 빨간 조끼 입은 친구들이 자기 줄 세로로 돈다. 숫자를 말하면 그 번호에 해당하는 학생들이 뛴다. "1" 하면 1번 학생들이 자기 줄 가로로 돈다.

가로세로 달리기

• 이어달리기

학생들이 이어달리기를 하자고 합니다. 그만큼 아이들은 이어달리기를 좋아합니다. 승패가 중요하지 않으니 너무 힘껏 달리지 않아도 괜찮습니다. 편은 회장, 부회장으로 나누기도 하고, 반 단위로 나누거나 모둠을 적절하게 나눠서 합니다.

• 음식 만들어 먹기

5시에 시작한 행사가 30분이나 1시간 정도 지나면 저녁 먹을 준비를 합니다. 운동장에서 신나게 땀 흘리며 놀았으니 먼저 손을 씻습니다. 밥은 스탠드에서 해먹습니다. 모둠끼리 모여서 준비해온 준비물을 꺼내 음식을 만듭니다. 모둠이 만드는 음식과 준비물은 행사 전에 미리

이어달리기　　　　　　　　　　음식 만들어 먹기

챙깁니다. 라볶이, 삼겹살, 튀김 우동, 볶음밥, 라면 같은 음식을 해먹습니다. 처음 할 때는 저도 학생들도 어설펐는데 하면서 익숙해져 갈수록 스스로 잘 해먹습니다.

　이런 음식을 해먹을 때는 안전이 가장 큰 관심사입니다. 그래서 저녁 먹을 때까지는 동료 교사 한 명에게 도움을 구해서 함께 지켜보며 돕습니다. 불을 사용하는 모둠은 담당교사가 돕거나 옆에서 지켜봐야 합니다. 자기들이 만든 음식이라 맛과 관계없이 잘 먹습니다. 남김없이 다 먹습니다. 돌아다니며 나눠먹는 것도 즐거움입니다. 음식을 만들며 나오는 쓰레기는 분리수거하고, 음식 찌꺼기가 스탠드나 수돗가에 남지 않도록 깨끗하게 정리합니다. 행사를 치를수록 좋아지는 게 이런 기본을 지키는 모습입니다.

3) 실내 프로그램

　실내 프로그램은 주로 자치회 행사를 여는 회의실(시청각실)에서 합

보이는 라디오   장기자랑

니다. 교실 두 칸 크기로, 책상이 없는 빈 교실입니다. 앞에는 30cm 높이의 작은 무대가 있습니다. 필요하면 의자도 언제든 놓을 수 있습니다. 운동장에서 올라온 학생들은 회의실 필요하면 필요하면 앞 복도에 준비물과 신발을 모둠별로 모읍니다. 실내에서도 다음 놀이 중에서 1시간 30분에서 2시간 정도 함께 어울립니다.

• 보이는 라디오

실내 프로그램에서 가장 인기가 많은 건, '보이는 라디오'입니다. 자기들이 좋아하는 노래를 따라 부르거나 춤추는 게 즐거운 요즘 아이들입니다. 학생 수만큼 의자를 가져와 무대 앞에 자리 잡습니다. 보통 회장단이 마이크를 들고 사회를 봅니다. 운영위원회 학생들이 진행을 돕습니다. 희망하는 학생을 무대에 불러내어서 신청곡을 받습니다. 신청곡 뮤직비디오를 보며, 학생들은 노래하고 춤추며 어울립니다. 어울림잔치의 목적은 잘 모르는 아이들이 어울려 하나가 되게 하는 것입니다.

아이들이 한목소리로 노래하고, 같은 동작으로 춤을 추며 함께 즐기니 목적을 잘 충족하며 놉니다.

- 장기자랑

사전에 모둠을 꾸리고서 장기자랑을 준비하도록 했습니다. 처음에는 의욕을 보이며 머리를 맞대고 무엇을 할지 궁리합니다. 그런데 얼마 되지 않아서 힘들다고 볼멘소리를 합니다. 짬 시간도 내기 힘든 요즘 학생들이라 모둠으로 장기자랑 준비하는 게 부담이라고 합니다. 모둠으로 하기로 한 장기자랑을 희망하는 개인 참가로 돌립니다. 엄청 신나지는 않았지만, 몇몇이 참가해서 장기자랑을 마쳤습니다.

- 영화 보기

영화는 2시간 남짓 보니 시간이 많이 걸립니다. 실내에서 있는 시간이 3시간 정도 된다면, 영화를 보는 것도 좋습니다. 영화를 볼 때는 의자에 앉아서 보지만, 아이들이 편하게 바닥에 앉거나 누워서 보기도 합니다. 팝콘을 튀겨먹으면서 봐도 좋습니다. 『P짱은 내 친구』, 『12인의 성난 사람들』 같은 영화를 보여줍니다.

- 놀이

아이들이 마음을 열고 즐거운 시간을 갖는데, 놀이만큼 좋은 게 없습니다. 여럿이 함께할 수 있는 놀이 2~3가지면 30분 남짓은 충분히 놀 수 있습니다. 앞서 소개한 가위바위보 등을 활용해도 좋습니다.

잘 마치기

1. 생각 모으기

행사를 마쳐갑니다. 그렇지만 어쩌면 이번 행사에서 가장 중요한 시간일 수도 있는 활동이 남았습니다. 학생들의 생각을 모으고 나누는 시간입니다. 둘러앉아서 말을 나눠도 좋습니다. 시간이 조금 여유로울 때는 전지와 포스트잇에 생각을 글로 남기면 더 좋습니다. 이때는 월드카페나 서클 맵 기법을 활용하는 게 좋습니다. 글로 담은 활동지는 어린이자치회 게시판에 게시해 일반 학생들도 볼 수 있게 합니다.

위와 같은 깊은 생각과 함께 순간 번뜩이는 생각을 모으기도 합니다. 이럴 때는 번개 기법으로 간단하게 말합니다. '행복한 학교란?', '전교어린이자치회란?', '오늘 행사는?' 같은 물음에 학생들은 빙 둘러앉

생각 모으기

생각 모으기에 좋은 주제

- 우리 학교는 이런 학교이면 좋겠다.
- 어린이자치회에서 이런 활동을 하면 좋겠다.
- 학급임원으로서 (할 것, 필요한 것) 어떠해야 하나?
- 어린이가 행복하려면 무엇이 있어야 할까?

아서 돌아가며, 바로바로 자기 생각을 말합니다. 말하는 방법은 예를 들어 '전교어린이자치회는 ○○○다. 왜냐하면 ~하기 때문이다'로 모두가 말하기(돌아가며 말하고, 생각 안 나면 통과)나, 다른 사람이 한 말을 그대로 해도 된다고 말해줍니다. 학생들 생각에 모두가 함께 웃기도 하고 감동 받기도 합니다.

오늘 소감을 한마디씩 합니다. 즐거웠고 친해졌다는 말이 많습니다. 어울림잔치 목적은 달성한 것 같습니다. 이어서 어린이자치회로서 다짐을 말해보기도 합니다. 하나같이 모두가 열심히 하겠다고 합니다. 마지막으로 교가를 힘차게 불렀습니다. 목소리가 정말 큽니다.

2. 기념품과 간식

선물로 빵과 음료를 준비했습니다. 저녁을 먹었으니 바로 먹지 않고 하나씩 손에 쥐어줍니다. 집에 가는 손이 심심하지 않게 기념품도 준비합니다. 일반 학생들 의견을 잘 담으라고 수첩을 선물할 때가 많습니

학교 밖에서 하는 어울림 잔치

학교에 공사를 하면서 운동장이나 스탠드를 쓸 수 없다. 운동장 놀이, 음식 만들기를 할 수 없는 처지이다. 어떻게 할까, 궁리하다가 산으로 갈 계획을 세운다. 산에 올랐다가 내려와서는 시청각실에서 보이는 라디오와 생각 모으기를 하기로 계획을 바꾼다. 학교 공사로 밤까지 할 수 없으니 방과 후 3시에 바로 시작해 7시에 마친다. 산에 오르며 힘들어하던 아이들도 산꼭대기에서 이야기 나눌 때는 즐겁다고 하니 다행이다.

산으로 간 어울림 잔치

다. 학기마다 같을 수는 없으니, 다른 때는 물통을 주기도 하고, 방석을 주기도 합니다.

3. 안녕히 보내기

어울림 잔치를 즐겼으니 모두 함께 정리합니다. 아이들 손이 빠르면서도 꼼꼼합니다. 정리하는 아이들 표정도 밝습니다. 정리를 마친 아이들을 모둠으로 서게 합니다. 모둠으로 입었던 조끼를 곱게 정리해 모읍니다. 모둠이 차례대로 행사할 때 가져왔던 준비물을 챙깁니다. 준비물과 선물을 든 학생들이 두 줄로 맞춰 줄을 섭니다. 맨 앞에는 제가 서고, 뒤에는 회장단이 서 교문으로 갑니다. 부모들이 아이들을 맞으러 교문에서 기다립니다.

어울림 잔치를 하면서 든 생각들

계획은 꼼꼼하게 짜되, 행사를 할 때는 그 계획에 너무 매이지 않습니다. 할 활동을 정하고, 알려준 뒤 학생들이 좋아하면 길게, 싫어하면 일찍 마칩니다. 계획한 것을 다 못 해도 좋고, 계획한 것보다 더 많이 해도 좋습니다. 모두 학생들 반응에 달렸습니다.

무슨 행사이건 가장 중요한 것은 '안전'입니다. 어울림 잔치 같이 즐기는 행사일 때는 더 그렇습니다. 학생들이 즐거워 마음이 들뜰 수 있으니 더 신경 써야 합니다. 특히 밥 해먹을 때는 더욱 안전에 유의해야 합니다. 사전에 안전교육을 철저하게 하는 것은 당연하고 운영진, 모둠장에게도 역할을 맡길 필요가 있습니다. 담당교사 혼자서 진행하기가 만만치 않습니다. 학교와 협의해 도움을 줄 선생님을 한 분 더 모

함께하는 어울림 잔치

시는 게 좋습니다.
　행사를 진행하는 선생님 처지에서는 힘들 수 있습니다. 개인 시간과 정성을 쏟아야 하니 쉽지 않습니다. 그럴 때 화가 날 수 있습니다. 그렇지만 해야 할 행사라면, 필요한 행사라면 선생님부터 즐겼으면 합니다. 저도 '함께 즐기자'는 생각을 계속 합니다.

닫는 말

행복을 나누는 어린이자치회

제가 '전교어린이자치회'를 맡기 전까지, 학교에서 이 업무는 원로 교사의 몫이었어요. 전교회장만 뽑으면 한 해 업무가 끝났다고 생각할 때였어요. 그런데 갑자기 이 업무를 아무도 안 맡으려고 해요. 경기도교육청에서 민주시민교육과가 생기면서 어린이자치를 강조하기 시작했거든요. 그래서 제가 맡았어요. 그전부터 저는 『와글와글 토론교실』(우리교육, 2015)에 담겼듯 학급자치를 하고 있었거든요.

이전 업무 담당자에게 업무를 전달받았으나 그대로 쓸 수 있는 게 거의 없었어요. 걱정이네요. 우선 내가 할 수 있는 것부터 해봐요. 임원선거를 공약 발표에서 토론회로 바꿨어요. 전교어린이회의도 꼭 필요한 것만 해요.

그럼에도 더 이상 무엇을 할 수 있을지 상상이 되지 않아요. 그때 마침 경기도교육청 민주시민교육과에 지원단으로 함께 하게 되었어요.

그때 여러 선생님의 사례를 들으며, '아, 우리 학교에서도 저거 하면 되겠다.' 하며 담기 시작했어요. 특히 중학교 선생님 한 분께서 학교자치를 실천하시고 학교의 변화로, '문제 있던 학생이 줄었다.', '아이들이 행복해한다.'는 말씀을 해주실 때는 설레기까지 했어요.

첫 시작의 어려움을 조금이라도 덜어드리고 싶어 책을 엮었어요.
여러 사례를 이야기로 들었지만, 막상 우리 학교에서 무엇을 어떻게 해야 할지는 잘 모르겠더라고요. 학생들과 회의하며 무엇을 할지 정하는데, 해본 적이 없으니 무엇을 해야 할지 어려워했어요. 그렇게 생각을 나누다가 첫 번째로 정한 게 '놀이마당'이었어요. 걱정으로 시작했는데, 참가한 학생들이 좋아해요. 참가한 학생들이 좋아하니, 준비한 전교어린이자치회 일꾼들이 더 좋아해요. 이렇게 시작한 첫 번째를 계속 이었어요.

행사를 계획하고 실천하며 닫는 과정을 모두 들려드리고 싶었어요.
모든 행사가 잘된 것은 아니었어요. 어떤 행사는 참가자가 없어 취소하기도 했어요. 참가자가 적어서 준비위원회 일꾼들이 행사 참가자로 역할하기도 했어요. 학교 일정과 겹쳐 미루다가 결국 못 한 적도 있어요. 이런 경험이 다음 행사를 준비할 때 미리 살피고 확인하는 데 도움이 되었으니 실패도 필요했던 과정인 것 같아요. 그럼에도 도움을 받을 곳이 있었더라면 좋았겠다는 생각은 했어요.

아이들과 함께해온 자치회가 성장한 모습을 보여주고 싶었어요.

처음에는 '0'에서 시작했던 우리 자치회가 조금씩 성장해요. 해마다, 학기마다 새로운 학생들이 전교어린이자치회를 꾸리지만 이전 학기나 학년에서 해본 학생이 있으니 자리매김하는 데 시간이 줄어들었어요. 이전 경험으로 스스로 하는 힘이 길러져 갈수록 더 단단해져요. 이 책은 학생들과 함께 우리 학교 자치회가 시간이 지남에 따라 성장한 기록인 거죠.

학년 말에 학교 평가나 대토론회에서 어린이자치회로 설문을 하면 공통으로 나오는 게 있어요.

많은 학생이 어린이자치회가 있어 행복하다고 말해요.

그 행복으로 저도 행복했어요.

이 말을 꼭 하고 싶어요.

어린이자치회로 행복하다고.